초기불교의 이념과 명상

고타마라는 이름으로 가장 잘 알려진 붓다는 숫도다나의 아들로 룸비니에서 태어났다. 숫도다나는 이 지역을 다스리는 사카족의 지도자였지만, 이 지역은 코살라의 지배하에 있었을 것이다. 고타마는 유년 시절을 카필라바스투에서 보내고 나중에는 거기서 결혼을 했으며 라훌라라는 아들을 낳았다. 그는 서른 살이 되기 전에 가정을 떠나 유행하는 탁발승이 되었다. 몇 해 동안 그는 구원을 획득하기 위한 수단을 찾았고 극단적인 형태의 고행을 실천했다. 그는 마침내 구원으로 가는 길을 발견했다. 베나레스 근처의 소위 녹야원(현재의 사르나트)에서 그는 그의 가르침을 듣는 첫 제자를 얻었다. 그 가르침은 이론적인 진리라기보다는 개인적인 경험을 위한 지침이라는 의미가 더 강했다.

초기불교의 이념과 명상

The Ideas and Meditative Practices of Early Buddhism

저자_틸만 페터

역자_김성철

씨아이알

저자 서문

1983년 이래 네델란드어로 된 이 책의 재판이 몇 번 출간되었다. 내 본래 의도는 대학생들에게 초기불교의 이념과 명상을 소개하는 것이었다. 정전의 전통에 전제된 통일성을 강도 높게 비판하는 최근 문헌에 익숙했기 때문에, 나는 더 이상 주로 상좌부로부터 전해진 조화로운 해석을 되풀이하고 있을 수는 없었다. 따라서 나는 교리를 서술하는 내 나름대로의 방법을 고안해야 했다. 이를 영어로 번역함으로써 네델란드 외의 불교학자들로 하여금 이러한 시도의 결과에 관심을 기울이게 하는 노력이 가치 있어 보였다. 이 책의 마지막 네델란드판과 비교할 때 영어로 번역하는 과정에서 몇몇 부분이 개선되었다.

이 책은 여전히 초기불교에 대한 개설을 의도하고 있기 때문에 여러 자세한 점이 논의되지 않았다. 나는 불교학자들이 이 한계를 인정하고 주요한 점에 집중해주길 바란다. 나는 제7회 세계산스크리트학회(라이덴, 1987. 8)에서 발표한 "숫타니파타의 고층부에 관한 몇 가지 소견"이라는 제목의 논문에서 사정이 때때로 훨씬 더 복잡하다는 것을 증명했다. 그 논문은 또한 불교의 최고층 형태가 숫타니파타에 보인다는 의견에 대한 내 대답도 포함하고 있다. 그 논문의 일부가 형식을 약간 개작하고 주를 생략한 채 "앗타카박가(Aṭṭakavagga)에 나타난 신비주의"라는 제목으로 이 책의 부록에 실렸다.

이 책에서 "최고층 불교의 개요"라고 제목 붙인 부분에서는 내가 적용한 방법과 그 결과를 서술하고자 노력했다. 그것은 『佛教と異宗教』(雲井昭善博

士古稀記念, 京都, 1985, 67-85)에 "Recent Research on the Most Ancient Form of Buddhism: A Possible Approach and its Results"라는 제목으로 이미 출판된 논문의 개작이다.

이 서문에서 나는 불교의 정전 자료 일반에 접근하는 나의 방법을 간략하게 서술하고자 한다. 내 견해로는 이 자료들이, 비록 진실이라고 주장될지라도, 의심할 바 없이 붓다와 첫 제자들의 말을 기록한 것은 아니다. 그러나 때때로 자료의 핵심에서 붓다의 말을 발견할 수 있다는 가능성 또한 배제해서는 안 된다. 이 자료들의 모든 말이 붓다와 첫 제자의 말이라는 것을 받아들이지 않는다 하더라도, 경전의 작가와 편집자를 거짓말쟁이라고 비난하는 것을 의미하지는 않는다. 실제로 경전의 내용을 붓다에게 귀속시키려고 묘사하기 위해 그러한 강한 어투나 좀 더 부드러운 어투를 사용한 특정 문장들이 있다. 그러나 대부분의 경우 가장 좋은 설명은, 특정한 관념이 수용되었다면 그것이 붓다 자신에 의해 설해지지 않은 것이라고 상상할 수는 없는 것으로 보인다는 것이다. 이러한 문제가 어떻게 다뤄질 수 있는가를 보여주는 흥미 있는 예가 W. 팬넨버그(Pannenberg)의 "Das Irreale des Glaubens"(*Funktionen des Fiktiven*, edited by D. Henrich & W. Iser, Poetik und Hermeneutik Bd. X, München, 1983)에 나타나 있다.

고대불교의 설법과 대화에서 이것이 희미하게 나타나는 곳이 있다. 『앙구타라 니카야』 8.1.8에서 웃타라(Uttara) 장로는 다음과 같이 말했다. "가끔 비구가 자기 자신과 다른 사람의 성공뿐 아니라 자기 자신과 다른 사람의 실패를 검토하는 것은 좋은 일이다." 그러자 인드라신이 나타나서 그에게 묻는다. "이 가르침은 당신의 영감입니까, 붓다의 말씀입니까?" 웃타라 장로는 직접적인 대답을 하지 않았다. 그는 말했다. "그것은 몇 개의 낟알을 얻을 수 있는 큰 곡물더

미와 같다. 잘 설해진 것(subhāsitam)이 붓다의 말이다."

이 경전이 팔리어로는 숫타(sutta) – R. 곰브리치(Gombrich)가 최근에 진술했듯이 숫타(sutta)라는 개념은 수바쉬타(subhāṣita)와 동의어인 산스크리트어 숙타(sūkta, '잘 말해진')에 대응하는 것이고, 몇 세기 후에 산스크리트어 수트라(sūtra)로 잘못 번역된 것으로 보인다 – 라고 불리는 설법과 대화들에 접근하는 데 적용한 방법론을 설명하는 데도 사용할 수 있다. 계속해서 같은 설법에서 다음과 같은 사실을 알 수 있다. 곧 자기 자신과 다른 사람의 성공과 실패의 검토에 관한 웃타라의 진술은 데바닷타(Devadatta) 비구에 대한 판단과 관련하여 붓다에 의해 한때 사용되었다는 것이다. 웃타라를 제외하고는 거기에 참석한 어떤 자도 그 진술을 기억할 수 없었다고 전해진다. 웃타라에게 그것을 보존하는 의무가 주어졌기 때문이다. 왜 웃타라가 이 사건을 인드라신에게 말하지 않았는가 하고 물을 수 있다. 나는 웃타라가 이 자료를 보존한 이야기에 대해서 다른 작가의 저작이라고 설명할 수 있을 뿐이다. 따라서 내가 첫 번째 이야기를 붓다의 진설이냐 아니냐 하는 문제를 증명하기 위해 인용할 때 이 두 번째 이야기를 고려해야 할 어떤 의무도 느끼지 않는다.

이제 우리는 전해진 많은 자료들이 다소 불일치한다는 결론에 도달한다. 이것은 한 문장, 하나의 설법 그리고 전체 설법의 집합(P. sutta-piṭaka)에도 유효하다. 이 불일치는 일상적인 대화와 작문의 그것과는 전혀 다르다. 전승에 대해서는 존경심이 있고, 그것이 바로 우리가 일반적으로 아무것도 버려지지 않고, 다만 아마 잊혔을 것이라고 추정하는 이유다. 그러나 자료는 지속적으로 늘어났다. 여기서 유래하는 불일치는 쉽게 변별되지 않는다. 그것은 주로 파악하기 힘든 추상적 개념을 사용하고 있고 또한 종종 통합하려는 시도가 있기 때문이다. 거의 모든 종교적 전통에서 사람들은 불일치와 함께하는 것에 익숙해졌다. 그들이 전통을 전체로서 받아들여야 하기 때문이다. 이것은 적어도 팔리어 자료와 같이 '있는 그대로의' 형태로 제공되는 경우, 모든 것을 붓다의 말로 받아들이는 대부분의 서양학자를 포함한 불교도에게도 마찬가지다. 역사적 탐구는 이제 많은 모순과 편차가 명백해진 단계에 도달했다. 불일치를 모든 종교적 의식의 속성으로 취하지 않는다면, 사상의 발전을 가정함으로써 딜레마로부터 빠져나오는 길을 찾을 것이다. 고대불교에서 개별적인 교리의 구조는 첫 번째 해결방안, 곧 불일치를 그것의 속성으로 받아들이는 것을 제안할 아무런 이유도 없다.

불일치하는 교리에 대한 더 정확한 고찰로 가기 위한 첫걸음이 L. 슈미트하우젠(Schmithausen)의 최근 논문(1981)에서 이루어졌다. 곧 이어서 J. 브롱코스트(Bronkhorst) 및 다른 학자들도 중요한 발견을 했다. 그러는 동안 상황이 변하여 E. 프라우발너(Frauwallner, 1953)가 시도했던 것처럼 붓다 자신의 사상의 발전으로 돌리는 것으로 모든 것을 설명하는 것이 더 이상 불가능하게 되었다. 그러나 이것이 우리가 그런 접근을 완전히 포기해야 한다는 것을 함축하는 것은 아니다.

프라우발너와 다른 학자에 의해 그토록 신뢰할 수 있는 것으로 간주되어 온 방법, 곧 현존하는 다른 판본의 자료(팔리어, 산스크리트어, 한문)를 비교하는 것이 단순히 가장 오래된 교리의 핵심으로 이끄는 것이 아니라는 것도 이제 명백하다. 확증될 수 있는 것은 이 방법으로는 B.C. 270년경으로 거슬러 올라가는 상좌부 정전에 도달한다는 것이다. 그 시기는 아쇼카왕의 재임기로서 포교사들이 활동할 뿐 아니라 교리논쟁이 상좌부 전통에 분열을 일으키지도 않은 시기다. 그러나 심지어 그때도 오래된 정전에 도달했다고 완전히 결정할 수 없다. 다른 학파가 이 시기 이후 교리를 변화시켰기 때문이다(G. 쇼펜(Schopen), "Two Problems in the History of Indian Buddhism", *Studien zur Indologie und Iranistick*, Heft 10[1984] 9-47). 나는 또 공통적인 전통에서 발견되지 않는 것이 매우 오래된 교리일 수 있다는 가능성을 배제하지 않는다. 그러나 일반적으로 공통적인 핵심을 밝힘으로써 그런 방법을 쓰지 않는 것보다 가장 오래된 교리를 발견하는 데 더 가까워질 수 있다. 내가 이미 지적했듯이 어떤 불일치가 남아 있다 하더라도 다른 방법을 사용해서 밝히도록 노력해야 한다. 불일치에 대해 검토될 수 있는 공통적인 핵심에 도달하려고 노력하는 것은 지난한 과제이고 아직도 완수되지 못한 것이다. 이런 맥락에서 나는 합당한 존경심을 가지고 A. 바로(Bareau)의 저작(*Recherches sur la Biographie du Buddha*, since 1963)을 언급하고자 한다.

마지막으로 이 책의 네덜란드본의 일부 혹은 전부를 읽고 내용에 대해 논평해준 분들께 감사드린다. 또한 이 책을 영어로 번역하는 데 노력한 마리안느 오르(Marianne Oort)와 영어본의 내용을 개선하기 위해 몇 가지 조언을 해준 슈미트하우젠에게 감사의 마음을 전한다.

역자 서문

역사적 인물로서 고타마 붓다가 깨달음을 얻었다고 선언했을 때, 그 깨달음의 내용과 방법은 과연 무엇인가? 불교에 신앙적으로 접근하든 학문적으로 접근하든 이러한 질문을 한번쯤 품어보지 않은 이는 없을 것이다. 주류불교(=이른바 소승불교)든, 대승불교든, 인도든, 불교가 전파된 아시아 각국이든, 그 과정에서 어떤 변용과 습합, 착종을 거쳤든, 불교라는 이름으로 포괄할 수 있는 여러 가르침들의 고갱이가 역사적 인물로서 고타마 붓다를 원천으로 하거나 적어도 그렇게 주장되기 때문이다.

그렇다면 우리는 고타마 붓다가 깨닫고 가르친 내용을 어떻게 알 수 있는가. 일부 불교인이나 불교학자는 팔리어 니카야를 비롯한 초기 경전이 온전히 그의 가르침을 담고 있다고 주장한다. 그러나 고타마 붓다의 친설이 담겼다고 주장되는 초기 경전에 나타난 여러 가르침을 모두 그에게 귀속시킬 수는 없다. 대기설법이라고 간단히 설명하기에는 너무나 많은 비일관성, 대립, 심지어는 모순된 교리가 발견되기 때문이다. 이러한 문제를 어떻게 이해하고 해결해야 할 것인가. 이는 초기 경전을 어떻게 바라볼 것인가 하는 문제와 밀접히 연관되어 있다.

초기경전에 대한 접근방식과 태도는 크게 다음 세 가지로 나누어볼 수 있다. 그중 첫째가 주로 팔리어 니카야에 나타난 여러 가르침들이 근본적으로는 일관되고 붓다의 친설로서의 권위를 가진다는 태도다. 주로 영국 계통의 학자들에게서 발견되는 이러한 태도는 국내의 경우에도, 동남아시아 등에서 새롭게 수입된 비파사나 명상법과 함께 상승작용을 일으키면서 확산되고 있다. 그 배경에서는 기존 불교 교단의 교리 및 수행에 대한 반감도 작용하고 있는 것으로 보인다.

다른 하나는 초기 경전에서 붓다의 친설은 물론 최초기 불교 교리의 흔적조차도 발견할 수 없다는 회의적 태도다. 초기 경전이라 하더라도 빨라야 기원전 1세기경에 문자화되었고, 그 이후에도 어느 정도로 개정되어 현재까지 전승되었는지 알 수 없기 때문이다. 이들은 문헌 자료에 대해 깊은 불신의 시선을 보내는 대신, 비문 등 다른 자료를 통해 가능한 한 이른 형태의 불교에 접근하고자 한다.

마지막으로 비록 초기 경전 모두가 고타마 붓다의 친설이라고는 인정하지 않지만 고등비평이라는 방법을 통해 가능한 한 그의 친설에 접근하고자 하는 태도다. 그 경우 초기 경전에 나타난 불일치성은 교리와 사상의 역사적 발전에 의한 개작으로 설명할 수 있을 것이다.

본서의 저자는 세 번째 태도에 기반하여 탁월한 문헌학적 소양과 탄탄하고 깊은 사유로써 역사적 붓다의 깨달음과 그 방법, 그것의 발전과정을 분석하여 생생하게 묘사하고 있다. 저자는 율장 등에 나타난 녹야원에서의 '첫 설법'을 분석하면서, 붓다가 발견한 실천적 중도가 바로 4정려이고, 바른 삼매로 규정되는 4정려를 획득하기 위한 예비과정을 포함한 것이 8정도이며, 그것을 담은 이론적 구조가 4성제임을 설득력 있게 논증하고 있다. 그리고 '해탈도의 전형적 서술'에 나타난 제4정려에서 4성제를 인식한 후 해탈한다는 설명은 허구적인 이론적 구성물임을 밝히고, 그럼에도 불구하고 그러한 이론이 성립하게 된 이유도 제시하고 있다.

붓다는 비록 4정려라는 선정의 방법과 4성제의 인식을 통해 해탈했다고 간주되었지만, 이후 불교 명상에서 주류적 위치를 차지한 방법은 식별적 통찰이라고 불리는 것이었다. 그것은 인격의 구성요소를 무상하고 고통스러우며 따라서 자아이거나 자아에 속한 것이 아님을 분석적으로 인식함으로써 모든 욕망으로부터 벗어나는 방법이다. 여기에 우파니샤드 사상과 샹캬 철학의 영향, 혹은 적어도 그들과 공통적인 관념의 전제를 지적한 것은 당시 인도사상계 전반을 통찰한 결과 가능한 것이다. 12연기설은 이 식별적 통찰 방법의 발전과정에서 성립한 것이다. 나아가 붓다가 사용한 실천적 무아설이 붓다 열반 이후 어느 시점에서 형이상학적 무아설로 변화하였으며, 이것이 독자부의 유아론적 인격 이론에 대한 반동이었음을 지적하는 대목은 충격적이기까지 한 탁견이다.

페터는 식별적 통찰이라는 방법 외에 삼매의 심화라는 방법을 택한 흐름도 놓치지 않고 설명해주고 있다. 그것은 점차 심화되는 일련의 삼매과정과 그 정점으로서 '통각과 느낌의 소멸'을 궁극적 경지로 두는 명상 과정 혹은 그 과정에 대한 이론적 구축이다. 페터는 이러한 방법을 채택한 이유와 각 단계의 이행 과정, 그리고 식별적 통찰의 영향에 의한 발전을 다루고 있다.

마지막으로 본서가 다루는 것이 카르마, 곧 업의 문제다. 본래 최초기 불교에서는 구원의 기획에서 문제시되지 않았던 업이 중시되는 이유와 그 배경, 그리고 그것의 발전을 대승불교의 기원 문제와도 관련시키면서 서술하고 있다. 엄격한 사문적 업관념 대신 재가에서 유래한 것으로 보이는 유연한 업관념의 확산은 선업 혹은 이타행의 축적이라는 방식으로 대승불교 수행도의 하나로 통합된다. 이는 현대 한국불교가 갖고 있는 중요한 문제의식 중 하나인 사회참여의 이론적 토대를 제공할 실마리를 준다.

역자가 본서와 조우한 것은 박사학위 청구논문을 준비하던 때였다. 논문의 주제는 정했지만 그 주제를 어떠한 시각과 방법으로 다룰 것인가 고민에 고민을 거듭하던 무렵이었다. 본서를 만난 후 비로소 역자는 논문 주제를 다루는 시각과 전망을 얻게 되었다. 이 책에서 구사된 여러 시각과 방법을 유가행파 수행도의 발전 과정에 적용한 것이 역자의 박사학위 청구논문으로 결실을 맺었다.

그러나 본서를 번역하여 출판하고자 결심한 데는 또 다른 이유가 있었다. 21세기 벽두에 불교학계를 뜨겁게 달군 이른바 '사티 논쟁'이 바로 그것이다. 역자 자신은 초기불교의 전공자가 아니었으므로 논쟁을 옆에서 지켜봤을 뿐이지만, 논쟁의 핵심 주장을 살펴보면 살펴볼수록 생산적인 논쟁을 위해서는 본서의 소개가 필요하다는 생각을 굳히게 되었던 것이다. '사티 논쟁'의 과정뿐 아니라 한국 불교계 전반에 스며든 편견, 곧 '이것만이 불교'라든가, 다른 모든 것보다 우위에 있는 '단 하나의 명상 방법'이라든가 '이것만이 불설'이라고 하는 사고방식의 지양에 귀감이 될 수 있으리라 기대한다.

본서의 번역을 완료한 지도 벌써 서너 해가 지났다. 그동안 틈나는 대로 다시 읽어보면서 명백한 오역과 탈역 그리고 어색한 표현 등을 손보았지만, 마지막까지도 오역과 직역투의 표현이 역자를 괴롭혔다. 더구나 영어 원문 자체가 네덜란드어를 번역한 것이라 문법과 표현에서 의미가 모호한 부분이 한둘이 아니었다. 많은 분들이 여러 오역들을 지적해주셨지만 부족한 부분은 온전히 역자의 몫이다.

마지막으로 본서의 한국어 번역을 허락한 저자와 그 과정에 도움을 준 금강대학교 불교문화연구소 크라우 교수, 출판을 허락해주신 도서출판 씨아이알 김성배 사장님과 염은진 편집장님께 깊이 감사드린다.

2009년 11월

김성철

차 례

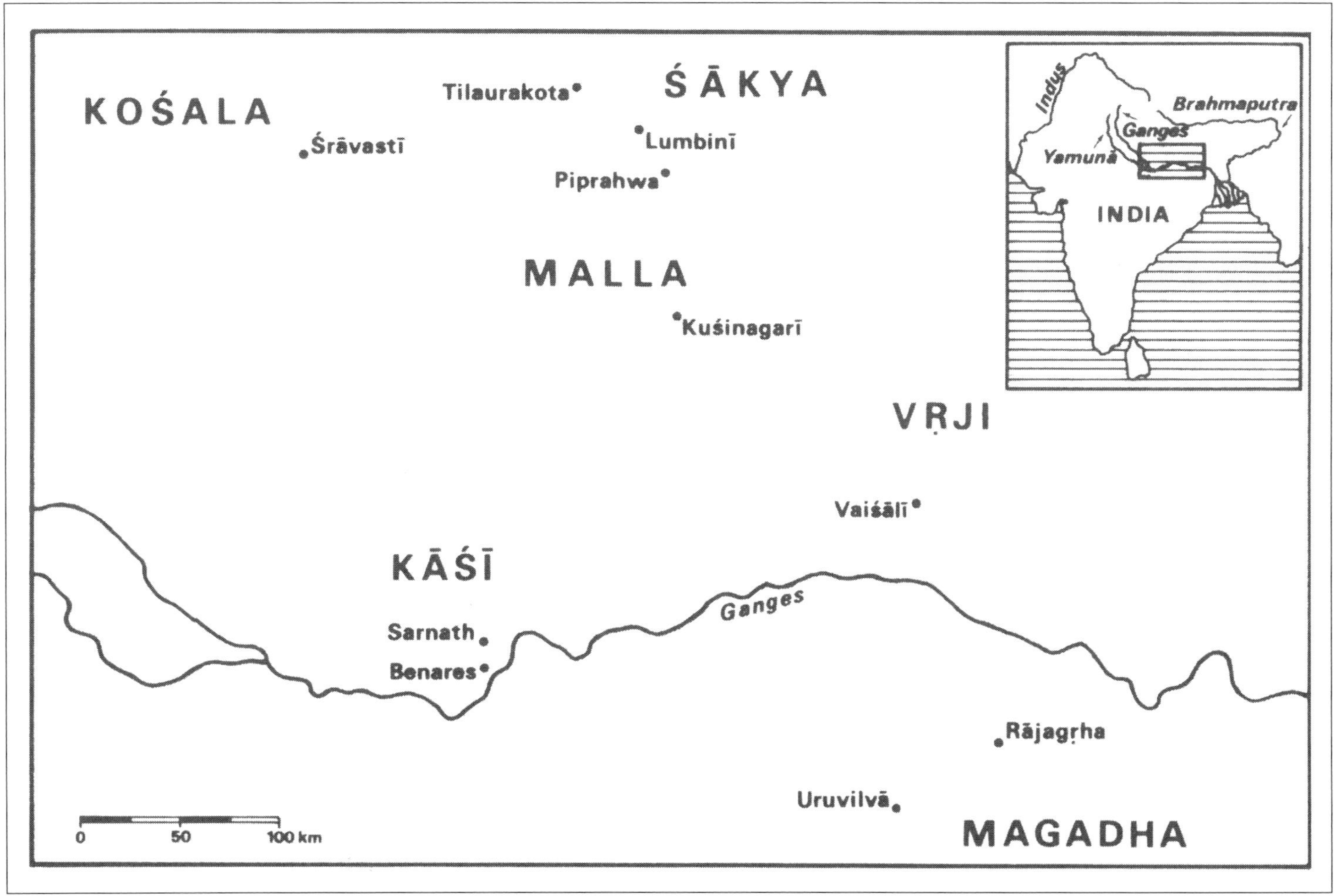
KOŚALA
Śrāvastī
Tilaurakota
ŚĀKYA
Lumbinī
Piprahwa
MALLA
Kuśinagarī
VṚJI
Vaiśālī
KĀŚĪ
Sarnath
Benares
Ganges
Rājagṛha
Uruvilvā
MAGADHA
0
50
100 km
Indus
Brahmaputra
Ganges
Yamunā
INDIA

서 론

이 책의 첫 장들에 대한 배경으로 다음 주제에 대해 간략히 개괄하고자 한다. 1. 붓다에 대한 전기 자료, 2. 붓다 전설의 기원, 3. 역사적인 붓다의 목표를 서술하는 데 사용한 '구원의 추구'라는 표현이다.

붓다에 대한 전기 자료

지리적인 명칭을 포함하여 붓다와 관련된 특정한 전기적 정보는 역사적으로 올바른 것으로 받아들일 수 있다. 고대 자료에서 발견되는 것으로부터는 정확하게 사실의 연대를 정하는 것이 쉽지 않다. 현재로서는 대체로 다음과 같은 역사적 요약을 받아들일 수 있을 것으로 보인다.[1] 고타마[2]라는 이름으로 가장 잘

---

1 무조건적으로 완전한 것은 아니지만, 더 자세히는 "Date et vie du Buddha Śākyamuni" E. 라못트

알려진 붓다는 숫도다나(S. Śuddhodana)의 아들로 룸비니에서 태어났다. 숫도다나는 이 지역을 다스리는 샤캬(S. Śākya, P. Sakya, Sakka, Sākiya)족의 지도자였지만 이 지역은 코샬라(S. Kośala)의 지배하에 있었을 것이다. 고타마는 유년 시절을 카필라바스투(S. Kapilavastu, P. Kapilavatthu)[3]에서 보내고 나중에는 거기서 결혼을 했으며 라훌라(S. Rāhula)라는 아들을 낳았다. 그는 서른 살이 되기 전에 가정을 떠나 유행하는 탁발승이 되었다. 몇 해 동안 그는 구원을 획득하기 위한 수단을 찾았고 극단적인 형태의 고행을 실천했다. 그는 마침내 구원으로 가는 길을 발견했다. 베나레스 근처의 소위 녹야원(현재의 사르나트)에서 그는 그의 가르침을 듣는 첫 제자를 얻었다. 그 가르침(dharma)[4]은 이론적인 진리라기보다는 개인적인 경험을 위한 지침이라는 의미가 더 강했다. 몇 해 동안 그는 카쉬(S. Kāśī), 코샬라(S. Kośala) 그리고 마가다(S. Magadha)와 샤캬(S. Śākya), 말라(Malla) 그리고 브르지(S. Vṛji) 지방을 유행했고, 비구 승가(saṅgha) 및 나중에는 비구니 승가를 세웠다. 이 지점에서 다음의 제자 이름을 언급해야 한다. 샤리푸트라(S. Śāriputra, P. Sāriputta), 마우드갈리야야나(S. Maudgalyāyana, P. Mogallāna), 아난다(S. Ānanda)와 데바닷타(S. Devadatta)가 그들이다. 틀림없이 샤리푸트라

....

(Lamotte), *Histoire*, 12-25를 추천한다.

2 '고타마(Gotama)'를 제외하고 이름은 산스크리트어(약호 S.)로 했다. 만약 팔리어 이름이 많이 다른 경우는 괄호 안에 'P.'라는 약호와 함께 포함시켰다.

3 현재의 네팔 틸라우라코다 근처의 유적이 카필라바스투인지 아니면 인도의 피프라와가 카필라바스투인지 확실하지 않다.

4 이보다 앞서 아지비카(S. Ājīvika)인 우파구(S. Upagu, P. Upaka)를 만난 것이 전승에서 보인다. 바로(Recherches, 1963, 155-160)의 견해처럼 붓다가 이때 아름다운 게송을 읊지 않았다고 인정할 수 있다. 그러나 그가 이 만남 자체를 부정한 것은 지나친 것으로 보인다(O.v. 히뉘버(Hinüber), *Die Erforschung der Gilgit-Handschriften*, Göttingen, 1979, 31-32).

는 식별적 통찰(S. prajñā, P. paññā)의 방법과 연관된 발전에 큰 역할을 하였다. 마우드갈리야야나는 뛰어난 마술적 능력을 지녔다고 간주된다. 아난다는 붓다가 열반할 때까지 계속 동행했다. 붓다에 의해 주장되었다고 간주된, 교리에 대한 모든 선언들이 나중에는 아난다에 의해 보고된 것으로 나타났다. 데바닷타는 붓다로부터 교단의 지배권을 접수하고자 했다고 전해진다. 그는 더 엄격한 금욕주의적 규칙을 주장했다. 그는 붓다의 목숨을 위협했다고 기록된다.

영향력 있는 재가신도는 승가에 도움을 주었다. 명백히 매우 이른 시기에 승려들은 우기에 비를 피할 오두막을 지을 수 있는 정원에 출입했다. 이것이 불교 사원(S. vihāra)의 시작이었다. 붓다는 자주 코샬라국의 수도 쉬라바스티(S. Śrāvasti, P. Savatthi)와 마가다국의 수도 라자그르하(S. Rājagṛha, P. Rājagaha), 그리고 브르지국의 수도 바이샬리(S. Vaiśālī)에 머물렀다. 그는 80세경에 쿠쉬나가리(S. Kuśinagarī, P. Kusināra) 근처에서 열반했다.

자이나교의 창시자 지나(Jina, 승리자) 마하비라(S. Mahāvīra)도 같은 지역에서 설법했다. 불교 전통에 따르면 그는 붓다와 동시대에 살았지만 이것은 다소 미심쩍다. 고대불교는 자이나교와 공통되는 특정한 요소, 특히 금욕주의적 규칙을 갖고 있다. 이 규칙들은 지나 혹은 그의 선행자에게로 거슬러 올라갈 수 있다. 그러나 고대불교에서 그것들은 자이나교와 달랐다. 자이나교에서 가장 중요한 것은 업(행위)을 짓지 않는 것이고, 이미 지은 업은 고행으로 보상하며 따라서 행위를 통해 영혼에 침투해 있는 물질 입자가 영혼을 짐 지우고 덮는 것으로부터 완전히 벗어나는 것이다.

자이나교에서 영혼은 업을 통해 재생의 바퀴에 속박되어 있고, 전지 및 은총과 같은 본래적인 속성이 업에 의해 제거되어 있다. 고대불교에서 악행을 언급할 때, 자이나교에서 볼 수 있는 것과 같은 경향을 따른다. 나쁜 것은 금욕주의 규칙을 범하는 것으로 규정되고, 그것은 특히 다른 사람의 하인이나 재산에 어떤 위해도 가하지 말아야 한다는 규칙이다. 그렇지만 악행을 피하는 것은 고대불교에서 더 직접적인 기능을 가진다(6장 참조).

내가 최고층 불교라고 간주하는 것에서는 가장 오래된 어떤 우파니샤드의 영향도 찾아볼 수 없다.[5] 그러나 식별적 통찰의 방법(9장 참조)과 영역 명상의 기법(12장 참조)에 대해서는 약간의 영향을 주었다는 증거가 있다.

붓다가 어떻게 우루빌바(S. Uruvilvā, P. Uruvelā, 현대의 보드가야) 근처에서 정각을 얻었는가에 대한 전통적인 설명은 앞서 서술한 붓다의 짧은 전기에는 포함되지 않았다. A. 바로가 보여주었듯이[6] 이 이야기는 가장 오래된 자료에서는 나타나지 않지만 다른 이유에 의해 설명될 수 있다.

현재는 가장 기초적인 사전에서도 붓다는 B.C. 560~480년경에 살았다고 기술되어 있다. 이 연대를 계산하는 기초가 된 것은 붓다가 아쇼카왕이 즉위한 해보다 218년 전에 열반했다고 주장하는 스리랑카의 전통에서 찾아볼 수 있다.

....

5 브리하드아란야카 우파니샤드(Bṛhadāraṇyaka-Upaniṣad) IV 4, 7에 인용된 게송(tad eṣa śloko bhavati)에 있는 '심장에서 모든 욕망(kāma)이 소멸할 때, 죽음은 불사가 되고, 현세에서 그는 브라흐만에 도달한다'는 가르침이 약간 영향을 주었을 가능성에 대해서는 간단히 결론을 내릴 수 없다. 그러나 이것이 불교적 가르침의 반영이고 후대에 부가되었을 수도 있다(Kaṭha-Upaniṣad VI 14 참조). 첫 번째 가능성에 대한 논증은 제7회 세계산스크리트학회(Leiden, August 1987)의 '초기불교' 패널에 기고한 N. 아라마키(Aramaki)의 논문에서 찾아볼 수 있다. 제목은 "Some Precursors of the Subconscious Desire in the Attadaṇḍasutta"이다.

6 "Le Buddha et Uruvilvā", *Indianisme et Bouddhisme*, Mélanges offerts à Mgr. Etienne Lamotte, Louvain-la Neuve, 1980, 1-18.

이것은 붓다가 B.C. 544년에 열반(S. nirvāṇa, P. nibbāna)을 얻었다는 것을 의미한다. 아쇼카의 즉위연대는 지금 더 정확하게 계산할 수 있기 때문에(B.C. 268/267) 현대 서구학자들은 이 연대를 교정했다. 전통적으로 붓다는 80년을 살았다고 하므로(예를 들어 MN 12 I, p.82), 붓다의 생애는 B.C. 566~486년으로 계산할 수 있다. 비록 학자들 사이의 의견은 이 견해가 불확실한 역사적 근거에 기초하고 있다는 것이지만, 여전히 그들은 연대를 기술할 필요를 느끼고 원칙적으로 그들의 선택에 이의를 제기하지 않는다. 최근 논문에서[7] H. 베체르트(Bechert)는 그러한 접근에 크게 이의가 있다고 주장했다. 예를 들어 고대의 불교 '스승' 목록에는 붓다의 '열반'과 아쇼카왕의 '즉위' 사이에 있는 218년을 쉽게 연결할 충분한 인물들이 발견되지 않는다. 오래된 장로들의 목록이 붓다의 연대를 계산하려는 후대의 시도보다 더 신뢰성이 있다는 것이 받아들여져야 한다. 이러한 사실에서 볼 때 베체르트는 두 번째 전통이 다시 고려되어야 한다고 주장한다. 이 전통은 스리랑카가 아니라 인도 자체에서 유래했고 붓다가 아쇼카왕 즉위 100년 전에 열반했다고 주장한다. 100년이라는 시기는 의심스러운 것으로 간주될 수 있다. 따라서 그것이 확실한 가능성이 있다는 생각은 무시될 수 있다. 그러나 100년이라는 시기는 베체르트의 주장에 더 잘 어울린다. 그것을 너무 글자 그대로 취급할 필요는 없다. 그는 아쇼카왕이 즉위하기 전 85~105년 사이

7 "The Date of the Buddha Reconsidered", Indologica Taurinensia, vol. X(1982) 29-32. 또한 H. 나카무라(Nakamura), *A History of Early Vedanta Philosophy*, Delhi, 1983, 33(H. 우이를 언급하는 주23)과 R. 히카타(Hikata), *Studies in Buddhism and Buddhist Culture*, Naritasan Shinshoji, 1985, 1-20도 참조. 베체르트의 논문은 최근 출판되었다(전체적인 문제에 대한 더 회의적인 설명이다): H. 베체르트, *Die Lebenszeit des Buddha-das älteste feststehende Datum der indischen Geschichte*?, Nachrichten. der Akad. der Wiss. Göttingen I Philolog.-histor. Klasse, Jahrgan, 1986, No.4.

에 붓다가 '열반'했다고 주장한다. 베체르트가 어떻게 그의 입장을 지지하는 증거를 확충하고 어떻게 인도사의 다른 사실과 조화시킬 것인가를 보여주는 것이 남았다.

붓다 전설의 기원

아소카왕 즉위 수십 년 전에 불교 승단에 분열이 발생했다. 그중 한 부파인 대중부(S. Mahāsaṅghika)에 귀속되는 여러 주장 중 붓다의 수명은 영원하고 아라한이 되고자 하는 노력은 의미 있는 결과로 이끌지 않는다는 믿음이 있다.[8] 이것은 붓다에 의해 주장되고 성취된 길을 따름으로써가 아니라 붓다 숭배를 통해 구원에 도달하려는 시도를 가리키는 것으로 보인다. 이 접근은 붓다가 그의 일생 동안에 추종자에게 준 보호라는 느낌에 기반하고 있는 것으로 보인다. 상좌(S. Sthavira, P. Thera)라 불린 다른 부파의 구성원들은 틀림없이 자신들이 붓다의 가르침을 진정으로 계승한 자라고 간주할 권리를 가졌을 것이다. 그들은 이제 아라한에 도달하는 길을 더 어렵게 만듦으로써 아라한의 이상을 보호하고자 했다. 그런 지난한 길을 따르는 과정에서 (더 이상 살아있지 않은) 붓다를, 구원을 설한 자로 그리고 목표에 도달한 위대한 예로 간주하는 것이 유용했을 것이다. 이 맥락에서 붓다는 초자연 존재가 현현한 것이 아니다. 그러나 틀림없이 상좌부는 대중부로부터 붓다의 신성이 교리를 포교하는 데 아주 중요하다는

8 A. 바로, *Les sectes*, 58, 64 참조.

것을 배웠을 것이다. 아마 이 점 때문에 비록 신화적 이야기가 그들이 주장하는 소박한 교리와 어울리지 않음에도 불구하고 그들은 이런 이야기를 만듦으로써 그 틈을 보완하려 했을 것이다. E. 프라우발너가 결론 내렸듯이(*The Earliest Vinaya and the Beginnings of Buddhist Literature*, Roma, 1956), <건도부(Skandaka)>의 저자는, 비록 더 오래된 자료에서 가져온 것이긴 하지만, 포교를 목적으로 그러한 믿음을 이용하는 데 큰 영향력을 발휘했다. 팔리어 율장의 첫 부분은 <건도부>의 (개작된) 판본으로 그것은 또한 원래 『사중경(Catuṣpariṣatsūtra)』, 『대반열반경』과 같은 경전의 핵심을 포함하고 있는 것이기도 하다. <건도부>는 고대의 자료에 기초하고 있지만 종종 포교를 이유로 다른 사람과 경쟁하고자 하는 욕망에 의해서만 설명될 수 있는 이야기의 해석과 확장을 제공한다. 신뢰성 있는 기록으로 보이는 것은 붓다의 죽음 직전에 지진이 일어났고 붓다가 이것을 자신에게 임박한 죽음의 징조로 해석했을 가능성이다. <건도부>에 따르면 이 지진은 열반에 들고자 하는 붓다의 결심에 의해 야기되었다. 붓다는 아난이 자신에게 이 세상이 끝날 때까지 생명을 연장하도록 간청하지 않자 열반에 들 것을 결심했다(op.cit. p.156). 그 후 붓다의 일생 동안 일어난 모든 중요한 사건이 지진과 연결되었다(DN 16, II p.107). 이것은 개작의 과정에 대한 한 가지 예일 뿐이다. 나는 이어지는 장들에서 붓다 전설을 거의 언급하지 않을 것이다. H. 벡(Beckh)의 *Buddhismus*(Berlin, 1916)의 제1권이 여전히 붓다 전설의 좋은 소개서다. 또한 라모트의 *Histoire*, pp.713-759도 참조하라. 붓다 전설에 관한 가장 오래된 중국 전승은 E. 취르허(Zürcher)의 *Het Leven van de Boeddha*(vertaald uit de vroegste Chinese overlevering, Amsterdam, 1978; 붓다의 죽음에 관한 에피소드는 제외)에서 볼 수 있다. 또한 대부분의 전설의 기원에 관한 논의로는 U. 슈나이 더(Schneider)의 *Einführung in den Buddhismus*(Darmstadt, 1980, pp.46-56)도 참조하라.

'구원을 찾는다'는 표현

고대불교의 목적에 관해 약간 언급하고자 한다. 다음 장들에서 사문 고타마가 '구원'을 찾고 붓다로서 그것을 발견했으며 따라서 그것을 선언했다고 서술할 것이다. '구원'이라는 단어는 먼저 자료에서 볼 수 있는 모든 종류의 모호하고 긍정적인 개념의 요약이다.[9] 또한 '구원'이라는 단어는 부정적 개념들(곧 직접적으로 어떤 것의 부정에 향해진)에 절대적 의미를 주는 것에 대한 방어막을 세우기 위해 선택되었다. 자료에서는 부정적 개념들이 현저하고 명확하기 때문이다. 부정적인 대상 – 재생의 부정, 고통과 죽음의 부정, 무상한 존재의 부정 – 을 자주 언급함으로써 비존재가 존재보다 더 좋으며 이것이 충분한 목적이라는 인상이 발생할 수 있다. 역사의 과정에서 몇몇 불교도는 그런 목적에 만

....

9 여기서 나는 특별히 MN 26(I p.163, 32; 165,15; 166, 35) kiṃkusalagavesī anuttaraṃ santivarapadaṃ pariyesamāno(이익이 되는 것을 찾고, 능가할 수 없는 가장 평화로운 장소를 구하며)와 다시 MN 26 (도처에서) anuttaraṃ yogakkhemaṃ nibbānaṃ pariyesati(그는 능가할 수 없는 안전한 장소인 열반을 구한다)을 생각하고 있다. 아수팟타-사닷토(Anuppatta-sadattho, 바른 목적에 도달한 자)도 역시 MN 35(I p.235)의 아라한 정형구에 나타난 막연한 긍정적 표현이다. 2장 주8을 참조하라. 게다가 예를 들어 SN 2.12 혹은 2.17 혹은 Sn 269에 나타나는 소티(sotthi, 평안)도 중요하다. 그리고 수카(sukha)와 다른 곳과는 대조적으로 Sn 439와 956에 나타난 라티(rati, 행복)도 그렇다. 아마 가장 오래된 개념은 아마타(amata, 불사의, 불사)일 것이다. 2장을 보라. 그러나 그것은 부정적인 개념이라고 말할 수 있다('최고층 불교의 개요' 주22와 비교하라).

족했다는 것을 부정할 수 없다. 그러나 대다수는 항상 이것을 고통을 극복해야 한다는 일반적으로 공언된 목표에 대한 받아들일 수 없는 해석으로 이해했다. 그것은 긍정적인 목표와 관련된 것으로 보이는 불충분하고 잘못된 개념을 피하는 이점을 갖고 있는 반면, 실제로 항상 그러한 순전히 부정적인 해석이 있는 그런 목표였다.

인격을 이루는 모든 구성요소의 합이 자아가 아니고 구성요소와 분리해서 자아를 인식할 수 없다는 것이 주장되자 식별적 통찰을 통해 구원을 얻는 길(9장 참조)과 관련해서 특별한 문제가 발생했다. 11장에서 이 추론의 결과가 죽음으로부터 벗어난 자는 더 이상 존재하지 않는다는 것이라는 사실을 보였다. 이러한 결론은 피할 수 없는 것이지만, 받아들여지지 않았다. 그것은 틀림없이 붓다가 이러한 해석을 의도하지 않았으리라고 하는 느낌 때문이다. 그래서 이 문제에 관해서는 모든 이론을 거부하는 것을 선택한다. 역사상 어떤 시점에서 자아가 구성요소 바깥에 존재하지 않는다고 명백히 주장되었다. 이제 해탈의 길은 완전한 비존재로 끝난다는 것을 더 이상 부정할 수 없게 되었다고 예측할 수 있다. 기묘하게도 동시에 구성요소의 소멸로 인해 사람의 '사멸'을 의미하는(때로는 사람은 불에 그리고 구성요소는 연료에 비교되었다) 열반을 독립적인 실체로 만들고자 노력했다. 적어도 이제 그것은 비존재로 간주될 수 없는 어떤 것으로 묘사되었다. 붓다고샤의 『청정도론』 제16장에서는 열반이 존재하지 않는다(n'atth'eva nibbānam)는 의견에 대한 반대뿐 아니라, 그것이 순전히 파괴(khaya)일 뿐이라는 의견에 대한 반대도 볼 수 있다. 그 후 사실은 열반이 본성상 비존재가 아닌 것이라고 주장되었다. 마지막으로 정전(Udāna 8.3, Itivuttaka 2.16)으로부터의 인용문이 있다. "오 비구여, 태어나지 않는 것, 존재가 되지 않는 것, 야기되지 않는 것, 창조되지 않는 것이 있다. 만약 이것이 없다면 태어남, 존재가 되는 것, 야기된 것, 창조된 것에 대한 탈출은 없을 것이다."

구원에 대한 불교 교리는 비록 지금 여기에서 정신적인 평안과도 관련된 것이지만 계속해서 재생하고 죽어야만 한다는 개념과 굳게 결합되어 있다. 재생이 없다면 구원으로 가는 길이 필요 없다. 죽음과 동시에 고통은 끝나기 때문이다. 그리고 견딜 수 없는 고통이 있다면 기꺼이 삶을 끝낼 수 있다. 그러나 현대의 불교도가 문자 그대로 재생을 믿지 않는다 하더라도[10] 그러한 목표에 대한 부정적인 해석을 거부하는 것에 기초해서 명백하게 붓다의 추종자일 수 있다. 출발점과 목표를 다음과 같이 정형화할 수 있다. 고통이 아닌 자연적인 계승을 믿는 것과 그 안에서 그리고 그 후에 고통이 끝나지 않을 것이라는 두려움이 더 이상 발생하지 않는 경험을 위해 노력하는 것이다.

....

10 *Buddhismus der Gegenwart*, hrsg. H. 두몰린(Dumoulin), freiburg I. B. (Herder) 1970, 70(Buddhadāsa in Thailand)와 138(몇몇 일본 불교도)을 보라.

참고문헌과 약호

일차 문헌과 약호

이 책은 팔리어, (혼성 산스크리트어와 고전 산스크리트어를 포함한) 산스크리트어 그리고 한문으로 된 자료를 비교 고찰한 결과에 바탕을 두고 있다. 괄호 속에 있는 자료로부터의 개념과 인용은 주로 팔리어지만 영어로 번역되지 않은 중요한 개념을 쓸 때는 산스크리트어를 선호했다. 예를 들어 닙바나(nibbāna) 대신에 니르바나(nirvāṇa: 대개 구별 기호 없이 nirvana로 썼다), 캄마(kamma) 대신에 카르마(karma), 자나(jhāna) 대신에 디야나(dhyāna) 등이다. 이름은 예외적으로 가우타마(Gautama) 대신에 고타마(Gotama)를, 아쇼카(Aśoka) 대신에 아소카(Asoka)를 썼다.

스리랑카, 미얀마 그리고 태국으로 전해진 팔리어 정전은 승단의 규칙(에 관한 이야기)(vinaya)의 집합(piṭaka), 설법(과 대화)(sutta)의 집합, 그리고 조직화한 논문(abhidhamma)의 집합으로 이루어져 있다. 율장(Vinaya-piṭaka)이 두드러진다. 왜냐하면 그것이 꽤 오래된 경전과 붓다의 전기에 대한 서술을 포함하고 있기 때문이다. 나는 주로 경장(Sutta-piṭaka)의 문장에 근거해 서술했다. 이 책의 각 장에는 다음과 같은 경장의 자료가 인용되어 있다.[11]

DN = Dīgha Nikāya(장부 니카야)

MN = Majjhima Nikāya(중부 니카야)

SN = Saṃyutta Nikāya(상응부 니카야)

AN = Aṅguttara Nikāya(증지부 니카야)

Khuddaka Nikāya(소부 니카야)로부터

Dhammapada(법구경)

Udāna(우다나)

Itivuttaka(여시어)

Sn = Suttanipāta(경집)

Theragāthā(장로게)

Jātaka(본생담)

Apadāna(아파다나)

Buddhavaṃsa(붓다밤사)

Cariyāpiṭaka(행집)

논장 자료는 상세하게 다루지 않았다.

11 더 많은 정보를 얻기 위해서는 K. R. 노만(Norman), *Pāli Literature*, Wiesbaden 1983(A History of Indian Literature ed. by J. Gonda, vol. VII Fasc. 2) 참조.

편의적인 이유로 주로 데바나가리 팔리어(Nālandā Devanāgarī Pāli) 시리즈(1958~1961)를 사용했지만, 팔리성전협회(PTS)판의 경번호 및 많은 경전의 쪽수를 표시했다. 다만 AN과 소부 니카야 자료는 예외로 하였다.

팔리어라는 이름은 최근에서야 사용되었는데 상당히 오랜 불교문학 언어의 한 갈래를 가리킨다. 다른 갈래는 '불교 혼성 산스크리트어'이다. 팔리어는 B.C. 3세기에 스리랑카로 유입되었다. 그것은 명백히 본토에서는 곧 사라졌다. 인도와의 접촉이 줄어들었기 때문에 팔리어는 불교 혼성 산스크리트어만큼 산스크리트어화의 영향을 겪지 않았다.[12] 붓다가 직접 설한 가르침이 팔리어로 전해졌을 수는 있다. 그러나 어느 정도의 개작이나 각색이 있었다는 것은 인정해야 한다. 신빙성과 관련해서는 산스크리트어 전승이 팔리어 자료보다 약간 떨어질 뿐이다. 불행히도 산스크리트어로 이용할 수 있는 자료가 훨씬 적고 그 자료는 팔리어 정전 자료보다 더 오랜 기간 동안 편집과 부가의 기간을 겪었다. 산스크리트어와 중기 인도어 자료는 아주 정확하지는 않지만 한역으로 보존되어 있다. 한역은 때때로 자료의 발전 단계에서 더 옛날 단계를 반영한다. 산스크리트어 정전 자료의 편집본은 각주에서 언급된다. 그 제목들은 일반적으로 그것들이 발견된 장소, 곧 네팔, 투르판, 길기트 혹은 티베트의 이름을 포함한다.

이 책에서 인용되는 자료에는 정전이 아닌 팔리어와 산스크리트어 자료도

12 O.v. 히뉘버, Die älteste Literatursprache des Buddhismus, *Saeculum* 34, 1983, 1-9 참조. 또 *Die Sprache der ältesten buddhistischen Überlieferung* (Symposien zur Buddhismusforschung, II) ed. H. 베체르트, Göttingen (Abh. d. Akad. d. Wiss.) 1980도 참조. 라못트(Lamotte), Histoire 607-657은 연관된 문제를 요약한다.

있다.

밀란다왕문경(Milindapañha) = The Milindapañho … ed by V. Trenckner, London, 1880, repr. 1962;

청정도론(Visuddhimagga) = Visuddhimagga of Buddhaghosācariya ed. by H.C. Warren, revised by Dh. Kosambi, Cambridge, Mass. 1950;

아비달마구사론(Abhidhamrmakośa(bhāṣya)) = Abhidharma-Koshabhāṣya of Vasubandhu ed. by P. Pradhan, Patna 1967 (Tibetan Sanskrit Works Ser. VIII).

이차 문헌과 약호

여기서나 혹은 각주에서 이용 가능한 문헌의 완전한 문헌목록을 제공하는 것은 내 의도가 아니다. H. 올덴베르그의 Buddha와 L. 드 라 발레 푸생의 Nirvāṇa와 같은 고전과 거의 모든 현대 연구성과는 각주에 언급된 문헌을 통해 이용 가능하다. 슈미트하우젠(1981)도 일본어로 된 많은 양의 문헌을 참조한다. 여기서 나는 자주 인용되고, 반드시 일관되지는 않지만, 약어화된 것만 언급하고자 한다.

(A.) 바로(Bareau), *Recherches* = Recherches sur la biographie du Buddha dans les Sūtrapiṭaka et les Vinayapiṭaka anciens: de la quête de l'Eveil á la econversion de Śāriputra et de Maudgalyāyana, Paris 1963, II. Les derniers mois, le Parinirvāṇa et les funérailles, tome I + II Paris, 1970 + 1971 (Publications de l'Ecole Française d'Extrême-Orient, vol. LIII, LXXVII).

(A.) 바로(Bareau), *Les sectes*=Les sectes bouddhiques du Petit Véhicule, Paris 1955(Publ. de l'Ecole Française d'Extrême- Orient vol. XXXVIII).

(J.) 브롱코스트(Bronkhorst), *(The) Two Traditions*=The Two Traditions of Meditation in Ancient India, Stuttgart 1986.

(F.) 에저튼(Edgerton), BHSD=Buddhist Hybrid Sanskrit Grammar and Dictionary, vol. II: Dictionary, New Haven 1953, repr. Delhi-Patna Varanasi 1970.

Festschrift (for) Walpola Rahula=Buddhist Studies in honour of Walpola Rahula, ed. by Balasooriya i.a., London 1980.

(E.) 프라우발너(Frauwallner) 1953=Geschichte der indischen Philosophie Band I Salzburg 1953.

(E.) 라못트(Lamotte), *Histoire*=Histoire de Bouddhisme Indien, Des origines à l'Ère Śaka, Louvain: Leuven 1958, repr. 1967.

(L.) 슈미트하우젠(Schmithausen) 1981=On Some Aspects of Descriptions or Theories of "Liberating Insight" in Early Buddhism, in: Studien zum Jainismus und Buddhismus, Gedenkschrift für Ludwig Alsdorf, hrsg. K. Bruhn und A. Wezler, Wiesbaden 1981, 199-250.

WZKS=Wiener Zeitschrift für die Kunde Südasiens.

ZDMG= Zeitschrift der Deutschen Morgenländischen Gesellschaft.

ZMR=Zeitschrift für Missionswissenschaft und Religionswissenschaft.

최고층 불교의 개요

나는 논의의 출발점으로 프라우발너의 『인도철학사』[13]를 선택했다. 그는 "붓다와 지나"라는 제목의 장(pp.147-272)에서 가장 오래된 불교 교리에 나타나는 잘 알려진 불일치점 하나를 살펴보고 그것을 붓다사상의 발전으로 진지하게 설명하고자 했다(pp.196-197, 213-214). 문제의 요지는 다음과 같다. 곧 4제설에서는 재생과 고통이 갈애(S. tṛṣṇā, P. taṇhā, 갈증)에서 비롯되지만 12연기에 따르면 무명(S. avidyā, P. avijjā)이 재생과 고통의 근본 원인이고 갈애는 부차적 원인일 뿐이다. 프라우발너는 붓다가 처음으로 4제설을 발견하여 가르친 지 얼마 후에 12연기를 발견하고 가르친 것이라는 개연적인 결론에 이르렀다. 불행히도 우리는 추론의 이 지점에서 사유를 멈출 수는 없다. 지난 몇 년간 붓다의 말로 전해져 내려온 것 중에서 수많은 일련의 불일치점이 밝혀졌다. 특히 앙드레

....

13 E. 프라우발너, *Geschichte der indischen Philosophie*, Band I, Salzburg, 1953

바로[14]와 함께 보다 더 강도 높게 람버트 슈미트하우젠[15]은 더 심각한 불일치점을 지적하였다. 결론적으로 우리는 더 이상 이 모든 차이를 단순히 붓다 자신의 사상적 발전 때문이라고 할 수는 없다.

문제를 너무 복잡하게 만들지 않기 위해 나는 슈미트하우젠이 분석한 가장 두드러진 교의 중에서 단지 세 가지만을 개관하는 데 한정하고자 한다. 첫째, 수행자가 네 단계의 정려 명상을 거쳐 네 번째 단계에서 세 가지 종류의 인식을 얻거나 혹은 적어도 마지막인 4제에 대한 인식을 얻을 때, 그는 모든 루(漏)로부터 벗어나고 나아가 재생과 고통으로부터 해탈한다. 둘째, 수행자가 네 단계의 정려 명상[靜慮]과 네 단계의 형태 없는 명상[無色定]을 경과하여 마지막으로 통각과 느낌의 소멸(saññā-vedayita-nirodha)을 획득할 때, 그는 모든 루(漏)로부터 벗어나고 나아가 재생과 고통으로부터 해탈한다. 셋째, 수행자가 식별적 통찰(P. paññā)로써 자기 자신을 다섯 구성요소[蘊]로 분해하고 각각의 요소가 무상한 것이고 그러므로 고통스럽다는 것, 다시 말하면 불만족스럽다는 것, 따라서 결론적으로 나 혹은 내 것이라고 할 만한 것이 없다고 인식할 때 그는 모든 욕망으로부터 벗어나고 나아가 재생과 고통으로부터 해탈한다.

여기서 우리는 앞서 언급한 갈애나 무명의 문제에서 본 것과 같은 이론적 도식이 아니라 구원을 향한 길을 다루고 있는 것을 알 수 있다. 불교에서 구원을 향한 길은 오랫동안 다양한 것으로 여겨져왔다. 심지어 다양한 유형의 개인을 위해 구원을 획득하는 여러 가지 방법을 제시한 것이 붓다의 위대한 업적 가운

....

14 A. 바로, *Recherches*, Paris, 1963, 1970, 1971.

15 L. 슈미트하우젠, “On Some Aspects of Descriptions or Theories of ‘Liberating Insight’ and ‘Enlightment’”, *Studien zum Jainismus und Buddhismus, Gedenkschrift für L. Alsdorf*, Wiesbaden, 1981.

데 하나로 여겨져왔다. 나는 구원을 향한 다양한 길을 지적한 것이 바로 붓다의 가르침, 곧 다른 사람들의 생각에 대한 그의 관용을 반영하는 것을 함축한다고 본다. 그러나 역사적 관점에서 볼 때 불교에서 발견되는 구원을 향한 모든 길이 같은 연대의 것도 아니고 붓다에 의해 설해진 것도 아니라는 것은 명백하다. 그러므로 다음과 같은 질문은 정당하다. 위에서 언급된 구원을 향한 세 가지 길 중 어느 것이 가장 오래된 것인가, 그리고 이러한 길들은 본래 붓다 자신에 의해 설해진 것인가?

나는 두 번째 교설은 붓다에 의해 설해진 것이 아니거나 적어도 스승으로서 긴 생애의 초기에 설해지지 않은 것으로 제외할 수 있다고 생각한다. "Dharma and Abhidharma"에서 요하네스 브롱코스트[16]는 두 번째 교설에서 네 단계의 정려 명상 뒤에 오는 네 단계의 형태 없는 명상은 – 이는 정려 명상을 이 명상에 맞도록 개작하였다는 것을 보여준다 – 가장 오래된 아비달마 목록에서는 나타나지 않는다는 것을 보여준다. 이 목록은 다양한 학파의 논장보다 오래된 것이며 또한 경전들에도 등장한다. 이는 거기에 중요한 증거들이 담겨 있다는 것을 가리킨다. 게다가 A. 바로는 붓다가 정각을 이루기 전에 아라다 칼라마(Ārāḍa Kālāma)와 우드라카 라마푸트라(Udraka Rāmaputra)의 지도 아래 여러 단계의 형태 없는 명상을 닦았다고 하는 유명한 이야기가 역사적 사실에 근거하지 않았음을 밝혔다.[17] 여러 단계의 형태 없는 명상을 통하지 않고서는 구원을 향한

....

16 J. 브롱코스트, "Dharma and Abhidharma", *Bulletin of the School of Oriental and African Studies*, London, vol.48, Part 2, 1985, 305-320.

17 *Recherches*, 1963, 13-27.

이 길의 궁극인 통각과 느낌의 소멸은 불가능하다. 그러므로 여기 기술된 것은 구원을 찾는 고대의 불교적 방법이 아닌 것으로 보인다. 그러나 어느 시점에서 구원을 구하기 위한 방법으로서 이 방법의 핵심을 붓다가 수용했을 가능성은 있다(부록 참조).

아주 오래된 것일 가능성이 높은 구원을 향한 두 가지 길이 고려의 대상으로 남게 된다. 만약 둘 중 어느 것이 가장 오래된 길인가 하는 것을 물어야 한다면 그에 대한 답을 찾기란 어려울 것이다. 두 길 모두 초기 단계에 속하는 요소를 포함하고 있으므로 첫 번째 길만이 붓다의 해탈을 설명할 때 사용되었다고 강력하게 주장하기도 어렵다. 이제 나는 몇 가지 설명을 덧붙이면서 이 두 가지 길에 대한 기술을 다시 한 번 살펴볼 것이다.

둘 중 하나의 길은 수행자가 4정려 중 최고 단계인 제4정려에서 세 가지 인식을 얻거나[18] 혹은 세 가지 인식 중 적어도 마지막인 4제에 대한 인식을 얻을 때, 그는 모든 루(漏)로부터 벗어나고 나아가 재생과 고통으로부터 해탈한다고 주장한다. 여기서 정려 수행은 금욕적 행위(P. sīla, S. śīla)에 기반한 것으로 서술된다. 금욕적 행위가 고행이 아닌 것은 사실이지만 그럼에도 불구하고 자신의 생명을 지키는 것조차 허락하지 않는 매우 엄격한 것이다.

다른 하나의 길은 수행자가 식별적 통찰로써 자신의 인격을 구성하는 다섯 구성요소가 무상한 것이고 그러므로 고통스럽다는 것(다시 말하면 불만족스럽다는 것), 따라서 이 때문에 나 혹은 내 것이라고 할 만한 것이 없다는 것을

18 디가 니카야 8과 10에서는 심지어 여덟 가지 인식을 언급한다.

인식할 때 그는 모든 욕망으로부터 벗어나고 나아가 재생과 미래의 고통으로부터 해탈한다고 기술한다. 여기에는 정려 혹은 어떤 다른 형태의 명상도 언급되지 않는다. 금욕적 행위 또한 언급되지 않는다. 금욕적 훈련이 정려의 실천을 위한 예비과정과 반드시 동일시되는 것은 아닐지라도 비구와 비구니에 대한 설법이므로 어느 정도의 금욕적 훈련은 전제된다.

위에서 언급한 두 길에서 우리는 '초기' 혹은 '후기'라는 명칭으로 정의하기 어렵게 하는 요소와 마주치게 된다. 슈미트하우젠[19]은, 대개 식별적 통찰을 이용하는 길은 그 결과 얻어진 것에 대한 기술을 포함한다는 점을 지적하는데, 이러한 결과는 정려 더하기 고도의 인식의 획득으로부터 도출된 것이다. 식별적 통찰을 이용한 길을 서술하는 문장의 마지막에 '해탈한 [사람]에게는 *그것이* 해탈했다(vimutt*am* iti)는 인식이 있다. 재생은 파괴되었다'는 문장이 있다. 중성명사 'vimutt*am*'은 이 경전에서 이전에 언급된 어떤 것도 가리키지 않는다. 그러나 이 문장은 정려의 길에서 발견되며 거기에서는 'vimutt*am*'이 'citt*am*'(마음)과 관련한 논의에서 등장한다.

이 예에서 보면 식별적 통찰의 길이 정려의 길보다 나중에 형성된 셈이 된다. 그러나 획득한 결과에 대한 위의 기술은 식별적 통찰의 길에 본질적인 것이 아니다. 그 결과는 이미 앞부분에서 '자기 자신을 그러한 방식으로 (곧 무상한 것 등으로) 변별한 자는 누구라도 그것에 염증을 느끼고 염증을 느낀 후에 그는 욕망에서 벗어난다(nibbindati, nibbindaṃ virajjati, virāgā vimuccati)'라고 언급되

---

19 L. 슈미트하우젠, 1981, 219.

고 있기 때문이다. 어떤 것이 더 먼저인가에 대한 판단은 아직 불가능하다.

또 정려 더하기 고도의 인식의 획득이라는 길에서 후대의 요소를 구별해 낼 수도 있다. 제4정려에서 세 가지 인식을 – 어떤 자료에서는 하나의 인식을 – 획득해야 한다. 그때 수행자는 재생을 야기하는 세 가지(후대에는 네 가지) 루(漏, S. āsrava, P. āsava)로부터 벗어난다. 세 가지 인식은 다음과 같다. 1. 인간의 전생에 대한 인식, 2. 모든 중생이 과거의 업에 따라 죽은 이후 천상이나 지옥에 태어나는 것에 대한 인식, 3. 4제에 대한 인식이다. 오직 하나의 인식만 언급될 때는 4제에 대한 인식을 가리킨다.

오직 하나의 인식만으로 압축되어 언급된 곳이 있는가, 혹은 그러한 곳이 세 가지 인식이 모두 나타난 곳보다 더 원형적인가? 슈미트하우젠은 정려에 더해서 고도의 인식의 길을 사용하는 붓다의 정각을 서술하는 경전에서 처음 두 개의 고도의 인식은 현재형 동사로 나타나지만, 4제에 대한 인식을 포함하는 그 서술의 나머지 부분은 아오리스트형 동사로 나타난다는 것을 지적한다.[20] 따라서 우리는 처음 두 종류의 인식을 후대에 부가한 것으로 간주할 수 있다. 이제 우리는 오직 하나의 인식, 곧 4제에 대한 인식만을 다루어야 한다.

4제에 대한 인식은 루(漏)를 제거하고 해탈을 야기한다. 루(漏)란 생존[에

···············

20 에노모토 후미오(榎本 文雄), 「初期佛典における三明の展開」, 『佛敎硏究』 12, 1982, 63-81. 여기서 저자는 앙구타라 니카야 8.11을 지적하면서 이러한 주장을 약화시키려 노력한다. 대부분의 필사본에 따르면 거기서는 4정려에 대한 설명에서도 현재형이 발견되며 그것은 세 가지 고도의 인식에 대한 서술에 선행한다. 이러한 예가 다른 경전들에서 발견되는 증거의 가치를 떨어뜨리지는 않는다. 전체적으로 같은 시제가 사용되는 자료가 그토록 엉성한 방식으로 여러 군데에 서사되어 그중 현재 시제는 오직 이 두 가지 인식의 경우에만 나타날 수 있었을까? 혹은 이 두 가지 인식을 그 자료의 다른 부분과는 달리 나타내려고 한 의도는 무엇이었을까? 게다가 이 경전은 세 번째 인식이 과거 시제이고 따라서 명백히 다른 두 종류의 인식과 구별된다는 슈미트하우젠의 이론을 확증한다.

대한 욕망], 쾌락의 대상[에 대한 욕망], 그리고 무명이다. 나중에는 네 번째 루(漏)인 견해가 더해졌다. 재생을 설명하는 데서 갈애나 그것의 동의어인 '욕망'보다 후대의 용어로 보이는 무명이 여기서는 재생의 원인으로 나타난다. 식별적 통찰의 길의 핵심은 욕망으로부터의 해탈을 인식할 뿐이다. 이 점에서 4제를 인식함으로써 루(漏)를 제거한다는 개념보다 오래된 것으로 보인다. 그럼에도 불구하고 이 점이 무엇이 더 오래된 것인가를 지금 결정할 수 있다는 것을 의미하는 것은 아니다. 3루(漏)의 교설 – 두 가지 형태의 욕망과 무명 – 또한 루(漏)를 파괴하는 4제의 인식과 어울리지 않고 그러므로 4제를 포함하고 있는 정려의 길에 속하지 않기 때문이다. 4제설에 따르면 무명이 아니라 갈애(아마도 두 가지 형태로 나뉜 욕망)만이 고통의 원인이다. 그러므로 초기 단계에서 의도된 바는 4제를 인식함으로써 루(漏)가 파괴된다는 것이다. 루(漏)에 무명이 나타난다는 사실은 12연기의 출현과 관련된 후대의 발전 때문일 것이다.

이제 정려에 더해서 고도의 인식을 획득하는 것이 내용적으로 상당히 축소되었지만 우리는 여전히 식별적 통찰의 길에서 발견되는 것과 대등할 정도로 개연적인 구원을 향한 길을 갖고 있지 않다. 그러한 길을 발견한 후에야 비로소 그것을 비교하는 것이 순서상 정당할 것이고, 아마도 붓다 자신의 해탈을 서술하는 데 사용된 것이 다름 아닌 이것이라는 의견을 채택할 수 있을 것이다.

바로 이 논의 지점에서 개연성의 문제는 무엇인가? 만약 자료를 글자 그대로 해석한다면 제4정려에서 4제를 인식해야만 한다. 이 문제를 이해하기 위해 정려 수행과 그 예비과정에 대한 서술에 주의를 기울여야 한다.

정려의 예비과정은 다음과 같다. 수행자는 반드시 비구여야 하며 그는 어떤 중생에게도 해를 끼쳐서는 안 되며, 주지 않은 것을 취해서는 안 되며, 순결해야 하며, 거짓말을 해서는 안 되며, 또한 다른 금욕적 규칙을 준수해야 한다. 자료에 따르면 수행자는 이 모든 규범을 완전히 준수함으로써 비감각적 형태의 즐거움을 얻는다. 또한 수행자는 감각과 (감각적) 사고의 영향에 빠져드는 것을 경계해야 한다. 이 행위 또한 비감각적 형태의 즐거움을 야기한다. 동시에 수행자는 모든 것을 완전한 주의집중(P. sati)을 통해 행하도록 노력해야 한다. 만약 그런 방식으로 행하는 자가 고요한 장소를 찾아 조용히 앉아 다만 몇 가지 방해물을 제거하기만 하면 거의 저절로 첫 번째 정려에 들어간다. 이 첫 번째 선정은 분리로부터(다시 말하면 고요한 장소뿐 아니라 이전에 욕망의 대상을 포기하는 것을 훈련한 것으로부터) 발생하는 기쁨과 즐거움의 상태로, 심사(S. vitarka)와 숙고(S. vicāra)를 동반한다. 시간이 지남에 따라 내적 고요에 이르고 마음이 하나로 모아지면서 심사와 숙고가 멈추게 된다. 기쁨과 즐거움은 남아 있지만 더 이상 분리에서 발생한 것이 아니라 삼매(samādhi)로부터 발생한 것으로 설명된다. 이것이 두 번째 단계다. 그 후 기쁨은 사라지지만 육체적인 평안으로 이해되는 즐거움은 남는다. 이 즐거움에는 평정과 자각(sati)이 동반한다. 이것이 세 번째 단계다. 마지막으로 즐거움의 감각도 사라지고 평정과 자각이 완전한 단계에 도달한다.[21] 이것이 네 번째 단계다.

---

21 이것은 우페카사티-파리숫디(upekkhāsati-pārisuddhi)라는 팔리어 복합어를 해석하려는 시도다. 그것은 우페카-파리숫디(upekkhā-pārisuddhi)와 사티-파리숫디(sati-pārisuddhi)로 분해된다. 평정과 자각이 세 번째 정려에서 차례로 언급되고 이 단계에서 둘 다 완전한 상태가 된 것으로 보이기 때문이다. 『청정도론(Visuddhimagga)』 제4장(p.136)에서 이 복합어는 '평정으로부터 발생한 자각의 완전함'으로 설명된다. 그러나 이것은 이 상태에서 평정의 완전함을 배제하는 것은 결코 아니다(같은 문장의 마지막과 『청정도론』 제9장의 우페카바바나(upekkhābhāvnā) 부분과 비교해보라). 「파라야나(Pārāyana, Sn 1107)」에서 우페카-사티-삼숫다(upekkhā-sati-saṃsuddha)라는 복합어도 이와 관련해서 언급되어야 한다. 여기에서 '평정과 자각에 의해 정화된' '해탈적 통찰에 의한 해탈

(aññāvimokkha)'은 무명(avijjā)을 파괴한다. 이 장과 제8장에서 논의하듯이 이것은 정려 흐름의 후기 발전 단계를 지적하는 것으로 보인다. 그러므로 우페카-사티-파리숫디(upekkhā-sati-pārisuddhi)를 분석할 때 이 복합어를 반드시 고려해야 할 필요는 없을 것이다. 그러나 그것이 필요하고 그 의미가 평정과 자각에 의한 완성(아래에서 인용되는 산스크리트어 버전 참고)이 된다고 하더라도 내 해석에는 아무 문제가 없다. 두 속성 자체가 완전해지지 않았다면 그러한 평정과 자각에 의한 완성을 이해하기는 어렵기 때문이다.

그러한 완전함이 정려의 마지막 단계를 특징짓는다는 것을 가정할 때, 나는 콘라드 마이지히(Konrad Meisig)가 *Das Śrāmaṇyaphala-Sūtra*(Wiesbaden, 1987)에서 정려 단계의 본질에 관해 몇 가지 언급한 것에 대해 강하게 비판해야 한다. 이 책은 이 경전의 한역본에 대한 접근을 용이하게 한다는 점에서 매우 유용하다. 마이지히는 다음과 같이 말한다. "만약 수행자가 네 단계의 정려를 결정하는 속성들을 부정적으로 억제하면 네 번째 단계에는 없는 첫 세 단계와 결합된 이로운 상태를 결국 억제하게 되고 그것은 정려 수행의 목적이 될 수 없다. 그리고 수행자가 정려를 결정하는 속성들에 긍정적으로 집중하면, 잘 알려진 개념들이 다소 임의적으로 나열되어 있는 것을 발견할 수 있다. 예비적인 단계인 첫 번째 단계는 심사(vitarka)와 숙고(vicāra)로써 긍정적으로 규정된다. 심사와 숙고를 동반하는 정신적 상태는 명상하지 않을 때도 발생할 수 있다. 이 단계를 여기서 명상이라고 부르는 것은 단순한 정의상의 문제다. 두 번째 단계는 내적 평안(adhyātma saṃprasāda)과 마음이 하나로 모아진 것(cetasa ekoṭībhāva)을 포함한다. 여기서 마음이 하나로 모아진 것이란 또한 삼매의 동의어이다. 두 번째 단계는 베나레스의 첫설법에서 설한 8정도의 마지막인 삼매를 장황하게 다시 설명한 것에 다름 아니다. 명상의 세 번째 단계는 8정도의 [일곱 번째인 정념으로] 후퇴한 것인데, 그 단계는 이미 언급한 4범주(brahmavihāra)의 구성요소이기도 한 평정(upekṣā)과 결합한 주의집중(smṛti)에 다름 아니다. 8정도에서 주의집중은 삼매수행의 예비과정이고 삼매가 제일 마지막에 나타난다. 그러나 여기서는 오히려 반대다. 삼매가 주의집중의 조건이 되는 것이다. 네 번째 단계는 전혀 새롭지 않다. 거기서는 마음이 세 번째 단계에 나타난 평정과 자각에 의해 정화된다(upekṣasmṛtipariśuddhacitta)".

마이지히의 논의는, 부정은 어떤 의미도 갖고 있지 않고 긍정적인 개념은 항상 정확히 같은 의미를 가진다는 선입견에 의존하고 있다. 게다가 그는 4정려에 관한 문장(의 전승본들)을 주의 깊게 살피지 않는다(예를 들어 주요 판본에서는-그의 책 p.46도 보라-두 번째 정려가 삼매가 아니라 '삼매로부터 발생한 것(samādhi-ja)'이라 불린다). 나는 두 번째 선입견에 대해 몇 가지 언급하고자 한다(또한 '…정려라는 개념은 인도종교사에서 공통적인 것이다…'라는 의견에도 제시된). 내게 그것은 정신적 과정에 대한 기술에 관련되기에 전혀 적합하지 못한 것으로 보인다. 예를 들어 삼매라는 개념은 일상생활에서의 집중에서부터 사고(예를 들어 두 번째 정려의 기본)와 심지어 의식도 없는 집중(Yogasūtrabhāṣya I 17-18에 나타난 유상삼매(saṃprajñaita samādhi)와 무상삼매(asaṃprajñāta samādhi)의 구분과 비교하라)에 이르는 폭넓은 범위를 가진다. 어딘가에 삼매라는 개념이 나타날 때 아무리 유사하다고 할지라도 단순히 그것을 다른 삼매와 동일시할 수 없다. 거의 같은 상태를 의미한다 할지라도 강도나 완성도에서 차이가 있을 수 있다. 한편 같은 현상을 다른 용어들로 지칭할 수도 있다. 비록 두 번째 정려가 삼매와 동일시되지 않고 '삼매로부터 발생한 것(samādhi-ja)'이라 불

문제는 이미 두 번째 정려 단계에서 모든 형태의 사변적인 추론이라 할 수 있는 심사와 숙고가 사라져 내적으로 고요하고 마음이 하나로 된 상태에 있다는 것이다. 그러나 네 번째 단계에서 4제는 '이것은 고통이다, 이것은 고통의 원인이다, 이것은 고통의 소멸이다, 이것은 고통의 소멸로 향하는 길이다'라는 언어로 기술된 형태로 인식되어야 한다. 이 단계가 진리 직관의 원천일 수 없다거나 그 상태에서 진리의 언어를 인식할 수 없다는 것은 아니다(그것들이 대상이나 느낌 등과 같은 방식으로 마음에 나타날 수 있다). 그러나 그와 같이 완전한 평정과 자각 상태에서 어떻게 규정된 도식을 따를 수 있을지 상상하기란 어렵다. 그 단계에서는 마음에 나타난 모든 것에 관해 고도의 비동일성(non-identification)을 산출한다. 원래 이것이 열반 체험의 유일한 근거였을 것이다. 모든 중생의 평온(well-being)에 대한 관심에서 우러난 금욕적 훈련에 기반하지만 그것이 모든 일상생활에 대한 무관심에 이를 필요는 없다. 게다가 추상적인

....

린다 하더라도, 두 번째와 세 번째 그리고 네 번째 정려가 '바른 삼매'와 동일하다고 보는 것에는 아무런 문제점이 없다. 이 삼매는 평정과 자각의 완성으로 특징지어지는 가장 높은 네 번째 정려에 도달하는 완성 과정의 시작인 듯하다. 나는 '바른 삼매'가 무엇을 의미하는지 설명할 다른 어떤 방법이 없다고 본다. 나는 두 번째 정려에 대한 기술이 8정도의 마지막 요소를 장황하게 말을 바꾸어 설명한 것일 뿐이라는 것도 받아들일 수 없다. 오히려 그것은 '바른 삼매'라는 추상적인 개념에 관한 약간의 정보를 얻을 수 있는 몇 곳 중 하나다. 나아가 마이지히는 8정도의 일곱 번째 요소에서도 발견되는 스므르티(smṛti, P. sati)를 언급하기 때문에 세 번째 정려는 오히려 후퇴한 것이라고 확신한다. 그는 분명히 8정도를 다만 머물거나 건너뛸 수 있는 여러 정거장을 가진 길에 불과하다고 보고 각각의 요소가 어떤 방식으로 다음 요소를 구성하고 그 다음 요소 안에서 완전해지며 이러한 방식으로 완성과정을 밟아나간다는 것을 짐작하지 못한다. 주의집중(mindfulness, smṛti)을 위한 노력에 의해 성취된 일종의 삼매가 더 즉각적인 자각(awareness, smṛti)의 근거를 형성한다는 사실에 대해 아무런 난점도 찾을 수 없다. 이 자각과 평정이 정화, 곧 완성의 단계로 발전했을 때(다른 독법으로는 그것에 의해 마음이 정화되었을 때) 최고 단계인 네 번째 정려, 그리고 아마도 역시 단계를 가진 것으로 간주할 수 있는 '바른 삼매'의 최고 단계의 구성요소가 된다.

진리를 차례대로 꿰뚫는 것은 심사와 숙고가 없는 마음 상태에서는 가능하지 않은 것으로 보인다. 차라리 그 상태에서 진리가 아니라 실재들이 명확히 보인다고 주장하는 것이 더 그럴듯할 것이다.

덧붙이자면 이 완전한 평정과 자각 상태가 식별적 통찰방법의 원천일 수도 있다. 그러나 이 방법은 정려가 아니라 추론을 통해 비동일성을 획득하는 것이고 나중에는 기껏해야 어떤 종류의 정려에 의해 도움을 받을 뿐이다(이하를 보라). 이러한 추론이 피상적이고 이론적인 추론 이상이고 정신집중을 동반한다는 것은 사실이지만 이것이 명백히 추론을 넘어선 '바른 삼매'라고 불리는 정신집중과 동일한 것은 아니다.

지금 논의하고 있는 문제를 해결하기 위해서는 붓다의 해탈이 모든 곳에서 적어도 하나의 인식을 포함하는 정려의 길에 대한 자세한 서술로 설명되는 것은 아니라는 주장을 이용해야 한다. (이후에 발생하는 서술 가능한 인식에 대한 이해 없이) 바른 삼매 하나만을 언급하는 단순한 설명도 있다. 그것은 베나레스의 '첫 번째 설법'의 서두에서 발견되는 8정도의 길이다. 만약 거기서 나타난 타인에 대한 가르침이 붓다 자신의 경험에서 유래한 것이고 그 자신이 직전에 행했던 방법을 가르친 것이라고 가정한다면 그것을 이용할 수 있다. '초전법륜(P. dhamma-cakka-ppavattana)'이라고 불리는 이 설법은 다른 사람에 대한 가르침과 그의 완전한 정각에 대한 설명을 결합한 것이다. 이것은 폭넓은 자료 전통에 의해 다양하게 기록되어 있으며, 우리는 그중 일부를 논의할 것이다. 그러나 이 설법의 내용이 정확히 붓다가 처음 가르친 방법이라고 가정하기는 힘들다. 자료는 매우 단순한 실천(중도)의 서술에서 실천체계(어느 정도의 설명을 필요로 하는 추상적 개념이 포함된 8정도)로 발전하고 실천체계의 이론적 구성(4제)으로 이동한 후 마침내 붓다의 정각에 대한 정의에 도달한다(그리고 어떤 판본에서는 붓다가 4제를 발견함으로써 불사를 획득했다고 주장하면서 그의 열반을 정의한다). 아마도 첫 번째 부분은 가장 오래된 가르침을, 그리고 다른 부분은 이후의 단계들을 반영할 것이다.

설법 첫 부분의 내용은 다음과 같다. 베나레스의 녹야원에서 붓다는 다섯 사문을 만난다. 그들은 출가 후 붓다와 고행을 함께 닦고 고행을 통해 붓다가 구원을 얻기를 기대했었다. 어느 날 붓다가 고행을 포기하자 그들은 이 사실을 다시 감각적 쾌락에 탐닉하는 것으로 해석하고 그를 떠났다. 붓다는 이제 그 사문들에게 고행과 감각적 쾌락 사이에 중도가 있으며 이 길을 통해 '불사'(여기서는 불사가 목표로 서술되고 '고통의 소멸'은 아직 서술되지 않는다[22])를 발견했다는 것을 증명하고자 했다. 이 설법의 다음 부분뿐 아니라 오래된 문헌의 다른 보고에서도 이 중도가 극단을 피하는 것만이 아니라(어디에서도 우리는 붓다가 그러한 중용에 관심이 있었다는 것을 발견할 수 없다) 일반적으로는 관찰할 수 없는, 다시 말하면 모든 사람에게 내재된 정려 수행의 잠재성이라

---

22 쇼젠 쿠모이(Shozen Kumoi), "Der Nirvāṇa-Begriff in den Kanonischen Texten des Früh-Buddhismus", WZKSO XII-XIII(1968-69, 205-213)과 비교하라. 제7회 세계산스크리트학회의 초기불교 패널에 대한 기고문에서 K. R. 노만이 주장했듯이, '불사(amata/amṛta)'라는 번역은 아마도 잘못된 인상을 줄 수 있다. 이것은 그리스 신들의 불사만을 아는 사람에게는 특히 그러하다. 그러나 고대 인도에서 아마타(amata)의 용법을 살펴보고 그것이 또한 붓다가 어느 정도로는 고려했었을 붓다시대의 용법이었다고 가정할 때 나는 아마타의 모호함을 재생산할 수밖에 없는 듯하다. 비록 아마타의 의미가 교리 발달적 측면에서 봤을 때 '이 생에서의 죽음 이후에 결코 다시 죽지 않는 것'일 수밖에 없을지라도 청중이 이 말을 들었을 때 이런 의미로만 느낄 것 같지는 않다. 그리고 붓다는 그것이 결코 '죽지 않음'이라는 어원적 의미만을 전달하는 것이 아님을 알고 있었을 것이다. 그가 이 단어를 사용할 때는 아마 사람들이 개인적인 불사를 바랄 것을 의도하지 않았고 또한 완전한 소멸의 개념을 뜻하고 싶지도 않았을 것이다.

고 하는, 중간에 있는 어떤 것을 인지할 수 있는 가능성을 함축했다는 것을 보여준다. 『마지마 니카야(Majjhima nikāya)』 36에 따르면 고행에서 어떤 의미도 찾지 못했을 때 붓다는 어린 시절에 비감각적 즐거움을 경험했던 것을 기억하였고, 이것이 가능한 구원을 향한 길로 그를 이끌었다. 그는 감각적 쾌락이 유익하지 않다는 관념을 포기하지 않았다. 그러나 설득력 있는 구원을 향한 길이 떠올랐을 때 그는 더 이상 비감각적 즐거움을 피하는 것이 필수적이라고 생각하지 않았다. 그가 아는 한 이전에 누구도 가지 않았던 이 길을 따라가기 위해 그는 이전의 동료들이 이해할 수 없는 걸음을 내디뎌야 했다. 그는 다시 충분한 음식을 섭취하기 시작했다. 이 길을 따라 그는 비감각적 즐거움의 여러 단계들을 통해 발전했고 마침내 완전한 평정과 자각 상태, 그리고 (아마도) 구원을 발견했다는 경험에 도달했다. 지금 논의하는 부분은 그가 이러한 경험(MN 36에서는 '보다(bodha)'라는 개념으로 지시한다)을 옛 동료들과 나누고자 했다는 것을 보여준다. 『마지마 니카야』 26에서도 동일한 시도를 전하고 있다. 이 경전은 율장 I p.9에서도 나타난 불사에 관한 짧은 설법을 포함하지만 붓다는 다섯 사문을 지도하는 데 바빠서 더 이상 탁발을 나가지 않고 다섯 사문 중 둘 혹은 셋이 계속해서 다른 사람을 위해 음식을 갖고 돌아와야 했다고만 전한다. 경전은 그가 무엇을 가르쳤는지는 언급하지 않지만 붓다가 지속적으로 베나레스에 행해진 '첫 설법'으로 전해지는 짧은 가르침이나 다른 교리적 가르침을 반복했다고는 상상할 수 없다. 이 경전은 그가 이 비구들을 정려명상의 단계에 입문시키고 매우 실제적인 방법으로 그들을 이끌었다고 가정할 때 내게 의미 있게 여겨진다.

'첫 설법'의 다음 부분이 우리의 탐색에 도움이 될 수 있는지 보자. 여기에서 감각적 쾌락과 고행 사이의 중도가 그 내용과 관련해서 설명된다. 그것은 8정도, 곧 바른 견해, 바른 결심, 바른 말, 바른 행위, 바른 생계, 바른 노력, 바른 주의집중, 그리고 바른 삼매(집중)로 말해진다. 여기에서 우리는 좀 더 복잡한 설법을 대하게 된다. 그러나 이 목록에서 내가 생각하기에 가장 중요한 마지막 요소를 살펴보면 우리는 여전히 중도의 실질적 내용인 정려 명상, 적어도 심사와 숙고가 없다고 하는 두 번째에서 네 번째 단계를 다루고 있다. 여덟 번째 부분인 바른 삼매에 선행하는 모든 것은 명백히 바른 삼매를 준비하는 기능을 갖는다. 이 예비과정을 명확히 다루는 것이 필수적인 듯하다. 우리는 붓다의 경우, 감각적 쾌락과 고행 사이에 있는 중도의 가능성에 대한 직관에만 근거하여 정려를 불러일으키고 그 안에서 진전해나갈 수 있는 조건을 갖추고 있었다고 가정할 수 있다. 처음에는 그도 역시 그런 방식으로 가르치려고 시도했다. 그러나 곧 중도를 가르친 후에도 제자들이 정려 상태를 획득할 수 없고 다음 단계로 나갈 수 없다는 것을 알았다. 그는 이제 그때까지 완전히 개념화하지 않았던 자기 자신의 조건을 생각해야만 했다.

8정도라는 구도는 이러한 시도의 결과로 이해할 수 있다. 내생에 대한 '바른 견해'와 구원으로 가는 길이 가능하다는 '바른 견해'에 근거하여 수행자는 출가하려는 '바른 결심'을 한다. 그러나 그때도 단순히 어딘가로 가서 앉는다고 해서 정려 상태를 불러일으킬 수는 없다. 정려의 길에 대한 자세한 서술 중 해당하는 부분을 참고하면 정려 명상의 출발점이 되는 비감각적 즐거움의 상태는 어떤 중생도 해치지 않는 것 등과 같은 금욕적 훈련을 무조건적으로 완수함으로써만 가능하다. 붓다 시대 이전에도 어떤 사문들은 이와 같은 훈련을 따랐지만 명백히 악업을 피하기 위한 목적이었고 고행과 혼합되어 있었으므로 즐거움의 느낌을 얻었다고 말할 수는 없다. 붓다의 방법은 고행이 없는 수행이다. 바른 말, 바른 행위, 바른 생계는 비감각적 즐거움으로 이끈다. 뿐만 아니라 바른 노력과 바른 주의집중도 바른 삼매에 도달하는 데 도움이 된다.

이제 다음 단계의 가르침을 살펴보자. 8정도는 바른 삼매를 성취하고 따라서 재생으로부터 벗어났다는 명백한 느낌을 갖게 한다. 그러나 이러한 느낌의 논리적 근거 또한 존재하는가? 존재한다. 이것을 보여주는 것이 고통의 근본 원인, 이 원인(과 고통)을 파괴할 수 있는 가능성, 그리고 이러한 파괴를 초래하는 길로서 8정도를 주장하는 4제라는 이론적 구조를 확립한 주요한 이유로 보인다. 다른 동기는 해탈을 위한 모든 분투의 출발점을 좀 더 명백히 해서 그것이 목표를 서술하기 위해 처음에 사용했던 불사라는 말에서 도출될 수 있는, 단순한 '죽음'의 개념을 넘어서는 것임을 보여주려는 것이었을 수도 있다. 그러나 이 구조가 주로 바른 삼매에서 그리고 그 후에 해탈했다는 느낌의 논리적 근거에 관한 질문에서 유발되었다면 이것은 죽음 이후의 재생으로부터 해탈이라는 보이지 않는 결과에 관한 점증하는 관심을 가리키는 것이다. 이러한 관심이 '첫 설법'의 첫 부분에서 전혀 없었던 것은 아니다. 하지만 거기서는 불사에 관한 짧은 설법 끝에 현세에서(diṭṭhe va dhamme) 종교적 삶(brahmacarya)이라는 목적에 도달했다는 경험이 지배적인 것으로 보인다. 비록 미래의 죽음이 없다는 것을 나타내는 듯하지만, 불사(S. amṛta, P. amata)라는 개념조차, 어떤 자료(『랄리타비스타라(Lalitavistara)』 p.409)가 현증(現證, sākṣātkṛta, '직접 지각된'; 팔리어본의 아마탐 아디가탐(amatam adhigatam)과 비교하라)과 결합시킬 수 있는 그런 성격의 것이다. 이 질문에 가장 흥미를 느꼈을 사람은 거의 틀림없이 (아직) 바른 삼매에 도달하지 못한 사람들이다. 완전한 평정과 자각으로 특징지어지는 네 번째 정려를 획득한 사람들은 재생의 첫 번째 원인의 파괴에 대해 염려하지 않고 오히려 그것을 미래에 대한 두려움이 없는 상태의 완전한 경험으로 받아들일 것이다. 그러나 이 이론은 정려의 길의 초보자에게만 중요한 것이 아니라 식별적 통찰이 그 당시에도 실천되었다면 그에 능숙한 자에게도 필요한 것이다. 이것은 초기 상태에서 식별적 통찰이 오직 비동일성을 목표로 가졌을 때였다고 상상할 수 있다. 그러나 우리에게 전해진 최초기 형태의 식별적 통찰은 4제가 도입된 후에 확립된 것일 뿐이다. 그것은 명백히 욕망을 정복함으로써 재생을 극복하는 것을 목적으로 하기 때문이다.

이제 8정도는 4제라는 이론적 구조와 함께 제공되게 되었다. 8정도는 4제의 마지막 요소다. 처음 세 진리는 a) 출발점에서의 조건 b) 이 조건의 근본 원인 c) 근본 원인을 파괴함으로써 이 조건을 피하는 목적을 가리킨다. 네 번째 진리는 근본 원인을 파괴하는 수단이다.

a) 출발점은 고통이라는 말로 표현되고 이는 거의 피할 수 없는 일련의 자연적 사건이다. 이것은 탄생, 늙음, 병, 죽음 등이다. b) 그러나 이 사건들이 완전히 피할 수 없는 것은 아니다. 그것들은 어떤 점에서 내생에서 쾌락이 지속되기를 욕망하기 때문에 일어난다. 내생의 원인이 (바로) 이 욕망, 곧 갈애이고 따라서 생존과 분리될 수 없이 연관된 모든 사건들의 원인이기도 하다. c) 목적은 내생으로 이끄는 이 갈애를 종식시킴으로써 이 사건들을 소멸시키는 것이다.

자신의 의지대로 손쉽게 바른 삼매에 도달한 사람은 더 이상 재생이 없다는 것을 이론적으로도 인식한다. 마음속에서 끊임없이 동요하는, 쾌락과 생존에 대한 갈애는 극복되고 이제 이 갈애를 재생의 원인으로 인식한다. 이 상황은 MN 26(아래도 보라)에 나타난 정형구에 가장 잘 반영되어 있다. '내 마음의 해탈(P. me cetovimutti)은 동요하지 않고(P. akuppa) 이것이 내 마지막 생이며 더 이상 재생은 없다.'

4제설은 주로 이론적 의심을 제거하기 위한 필요성에서 유래된 것으로 보인다. 그러나 '첫 설법'의 다섯 번째 부분에 나타난 것을 진지하게 받아들인다면 그것은 적어도 순수하게 이론적인 것은 아니다. 우리가 그것을 진지하게 받아들이고 그것의 핵심이 붓다의 말이라는 것을 수용한다면 이들 진리가 유래된 길에 대해 붓다 자신이 어떻게 생각했나를 알 수 있다. 그것은 현대적으로 말하면 직관이라 할 만한 것이다. '(내적인) 눈이 생겼다(P. cakkuṃ udapādi)'라는 표현 외에, '능가할 수 없는, 완전한 정각'이라는 개념이 이 부분에 나타난다. 이 개념은 '첫 설법'의 앞부분에 사용된 정각이라는 개념을 개정한 것으로 보인다. 붓다는 말한다. "이 세 가지 방식으로(아래를 보라) 4제 각각을 보기 전에는 능가할 수 없는, 완전한 정각에 이르렀다고 말할 수 없었다." 이것은 그가 4제를 발견함으로써 해탈을 찾았다는 전통적인 견해보다 더 타당해 보이는 해석이다. 전통적 견해는 8정도를 닦아야 한다고 하는 동일한 4제의 발견에 포함된 요구에 부합하지 않는다. 전통적 견해는 다섯 번째 부분의 마지막에 근거하고 있다(모든 판본에 있는 것은 아니다). 거기에서는 붓다의 동요하지 않는 해탈이 이것을 발견한 결과라고 한다. 그것은 붓다 자신에 대해서도 마지막으로 이론적 의심이 제거되어야 한다고 간주하는 한 받아들일 수 있다. 그러나 그가 4제를 발견함으로써 그가 처음으로 진정한 해탈 체험을 획득했다는 견해는 전적으로 외부적 영향에 기인하는 것으로 보인다(아래를 보라).

다섯 번째 부분의 내용은 다음과 같다. 붓다는 이전에 누구에게도 알려지지 않았던 4제를 발견했다. 그것은 고통, 고통의 원인, 고통의 소멸, 그리고 고통의 소멸로 가는 길이다. 게다가 그는 각각의 진리에 관해 행해야 할 것을 보았다. 고통은 완전히 이해해야 하고, 고통의 원인은 끊어야 하며, 고통의 소멸은 실현해야 하고, 고통의 소멸로 가는 길은 실천해야 한다. 마침내 그는 이 모든 것을 행했다는 것을 알았다. 그는 고제를 완전히 이해했고 고통의 원인을 끊었으며 고통의 소멸을 실현하였고 고통의 소멸로 가는 길을 실천했다. 이 모든 것이 행해졌다는 것을 관찰한 후에야 비로소 그는 능가할 수 없는 완전한 정각에 도달했고 (모든 판본에 나타나는 것은 아니지만) 다음과 같은 사실을 알았다. 내 마음의 해탈(P. me cetovimutti)은 동요하지 않고(P. akuppa), 이것이 내 마지막 생이며 이제 재생은 없다.

『근본설일체유부율』에서는 이 부분이 4제를 가르친 부분 앞에 나타난다. 이것은 논리적인 인상을 주지만 역사적인 과정일 것 같지는 않다. 붓다의 완전한 정각에 관한 설명은 4제의 발견을 재고하는 것과 이 발견이 암시하는 것으로서, 그리고 이 발견에 대해 깨달음이라는 개념(능가할 수 없는 것으로 불린다)의 조정으로서 가장 잘 이해된다. 이 발견 이전에는 (다양한 접두사와 함께) 붓다(buddha)라는 개념은 '불사'로 가는 길인 중도를 발견하고 곧바로 '불사'를 깨달았음을 의미했다(5장 참조; 『랄리타비스타라』 p.409 참조: amṛtaṃ mayā bhikṣavaḥ sākṣātkṛto[sic] 'mṛtagāmī ca mārgaḥ, buddho 'ham asmi). 그리하여 이 길이 바른 것으로 확립되었다. 정각과 해탈 체험이 여기에서 밀접히 연관된다. 그러나 위의 해석이 맞다면 다섯 번째 부분의 능가할 수 없는 정각은 해탈 경험을 초래하는 것이 아니라 기껏해야 영향을 줄 뿐이다. 그것은 오직 이론적 의심만을 제거한다. 이것은 이후 이 길에 대한 자세한 묘사에 최종 형태를 부여한 정려의 길의 추종자가 신봉하는 해석이 아니다. 그들은 붓다가 4제를 발견하기 전에는 해탈하지 못했다고 이해한다. 아마도 그들이 붓다의 완전한 정각에 대한 설명에 그의 해탈의 부동성에 관한 정형구(모든 판본에서 발견되지는 않는다)를 부가했을 것이다.

그런데 이러한 전통적 해석은 무엇 때문에 성립한 것인가? 거의 틀림없이 그 이유는 오직 진리나 고도의 인식을 통해서만 해탈할 수 있다고 주장하는, 점증하는 비불교적 정신 환경의 영향 때문이었을 것이다. 거기에 더해 (4제의 도입 이후 완전히 확립된) 식별적 통찰이라는 대안적(그리고 때로는 아마도 경쟁적) 방법이 이러한 주장에 매우 잘 어울리기 때문인 것으로 보인다.

나는 구원을 향한 길로 전해내려온 것 중 하나에 대한 특정한 문제, 곧 제4 정려에서 어떻게 4제를 인식할 수 있는가 하는 문제를 논의해왔다. 같은 구원을 향한 길의 오래된 단계가 바른 삼매로 끝나는 한 이것은 허구적인 문제다. 그것이 이렇게 문제를 포함한 채 도식화된 것은 아마도 해탈의 진정한 수단으로서 어떤 진리나 인식을 요구하는 환경의 영향 때문이었을 것이다.

그렇다면 정려에 더해 고도의 인식의 실현이라는 길을 단순히 문헌(literary) 전통의 산물이라고 간주해야 하는가? 만약 처음부터 4제를 명상의 지침으로 사용하고 그 결과 사변적 사고를 넘어설 수 있었다면 그것은 구원을 위한 실천적인 수단으로 작용했을 것이다. 그러나 이러한 상황은 그다지 그럴듯해 보이지 않는다. 그러한 해석은 구원을 향한 길의 다음 발전 단계에서도, 곧 다른 종류의 인식인 자신의 전생에 대한 인식과 다른 중생이 업에 따라 죽은 후 천상이나 지옥에 태어나는 것에 대한 인식의 체득이 부가된 후에도, 여전히 그럴듯해 보이지 않는다. 이 두 종류의 인식이 어울리지 않는다는 것과(14장 참조) 위에서 언급한 문헌학적인 논의, 곧 이 두 종류의 인식은 해탈도를 자세히 설명한 나머지 부분과 다른 시제로 서술된다는 사실은 이 단계에서 우리가 당시 지배적이었던 문헌적 산물을 다루고 있다는 것을 지시한다. 그럼에도 불구하고 그 후 정려에 더해 고도의 인식의 체득이라는 구조가 실천상에서, 다시 말하면 식별적 통찰의 길(그러나 그것은 높은 정려 속에서가 아니라 거기서 나온 직후다. 아래를 보라)에서 역할을 부여받았다. 이것을 더 논의하기 전에 이러한 구조와는 아무 관련이 없는 식별적 통찰(S. prajñā, P. paññā)의 가장 오래된 형태로 돌아가야 한다.

'초전법륜'이 설해진 율장 대품은 베나레스에서의 두 번째 설법으로 이어진다. 그 설법의 주제는 정려 혹은 삼매에 대한 어떤 암시도 없는 식별적 통찰의 길이다. 문맥으로부터 우리는 이 설법이 붓다의 가장 오랜 교의를 포함한 것이 아니라는 것을 도출할 수 있다. 이 율장 자료에서는 '첫 설법'의 각 부분에 나타난 내용들을 제대로 다루지 못하고 이 '첫 설법'을 감히 부차적으로 놓거나 완전히 제쳐놓지도 못하는 '식별적 통찰'의 전통이 나타난다. 정확한 사정은 무엇인가? 여기서는 '첫 설법'이 정려 혹은 이 설법의 용어를 기반으로 하여 내가 이해한 방식인, 바른 삼매를 정점으로 하는 8정도를 실천하는 것을 고무하는 것으로 이해되지 않는다. 반대로 그것은 비구들로 하여금 모든 존재의 무상성을 자각하도록 하고(비록 한 단어만 이 주제를 언급하지만), 그렇게 함으로써 그들을 불교 승가의 일원이 되도록 하고 있다(이것 역시 '첫 설법'의 앞부분에는 나타나지 않은 것이다). 비구 중 한 사람은 '두 번째 설법'을 들은 직후, 식별적 통찰을 통해 어떤 것도 행하지 않고 오직 듣고 이해한 것만을 통해 구원을 발견했다. 듣는 동안 혹은 들은 직후에 이해한 것이 최종적으로 구원을 초래한다.

식별적 통찰의 길은 다양한 단계를 통해 발전했다. 베나레스에서의 '두 번째 설법'은 명백히 두 단계로 나타난다. 먼저 인격을 구성하는 요소는 고통을 낳고 인간은 그것을 지배하지 못하기 때문에 '나'라고 부를 만한 것이 없다(혹은 '무아'라고 불러야 한다)는 것이다. 다음으로는 그것들이 무상하고 그러므로 고통스러운 것, 곧 불만족스러운 것이기 때문에 그 요소들을 나 혹은 나에 속한 것이라고 간주하지 말아야 한다고 기술한다. 첫 번째 논법은 거의 반향이 없었지만 두 번째 논법은 이후 많은 불교도에게 붓다의 본질적인 가르침이 되었다.

식별적 통찰의 길을 도입한 것은 아마도 진정한 정려와 그것의 예비과정을 실천하는 것에 수반한 어려움과 연관되어 있을 것이다. 대신 (아마도 붓다 자신에 의해) 인격의 구성요소를 무아로 판단하는 간단한 방법이 고안되었고 대부분의 제자에게 제공되었다. 게다가 이 방법은 구성요소가 자아가 아니라는 것을 완전히 이해하는 순간 욕망(그리고 재생)으로부터 해탈하게끔 설해졌다고 한다.

그러나 이 간단한 방법이 대가가 없는 것은 아니었다. 이 맥락에서는 더 이상 동요하지 않는(P. akuppa, S. akopya) 마음의 해탈을 말하지 않는 것과 이후에, 비록 욕망과 다른 갈애가 바로 그 순간과 그 이후 당분간은 존재하지 않는다 하더라도, 한번 식별적 통찰을 얻는 것만으로 그것을 영원히 없앨 수 있는가 하는 의문이 발생한 것은 놀라운 일이 아니다. 현재의 삶과 관련한 마음의 해탈(P. cetovimutti)은 여기서는 식별적 통찰에 의한 해탈(P. paññāvimutti)로 표현된다. 그것이 심각한 위협 혹은 고통의 순간에 어떤 가치를 가지는가 하는 질문은 정당하다. 심지어 그런 순간은 차치하더라도 그 방법을 따랐기 때문에 자기 자신이 구원을 발견했다고 간주하는 사람들의 행위가 언제나 비난할 여지가 없는 것은 아니었다. 이러한 문제로부터 식별적 통찰의 길을 더 심화시키는 방법을 찾으려는 시도로서 다음 단계가 발전했다. 설일체유부의 현관론은 그러한 실례의 하나다(E. 프라우발너, "Abhidharma-Studien III", WZKS XV, 1971 참조). 모든 존재의 무상성이 모든 존재의 비실재성으로 급진화하는 '식별적 통찰의 완성(S. prajñā-pāramitā)'도 원래 이러한 목적을 가진 것이라 할 수 있다.

아마도 이러한 발전 중에서 가장 오래되었다고 할 수 있는 세 번째 방법은 식별적 통찰(P. paññā)의 길을 돕도록 금욕적 행위(P. sīla)에 기반한 정려 명상을 활용하는 것이다. 계 - 정 - 혜라는 구조는 유명한 『청정도론(Visuddhimagga)』(c. 400 A.D.)을 통해 특별히 잘 알려지게 되었다. 그것은 이미 경전의 몇몇 문장에서 나타난다(예를 들어 DN 10). 『청정도론』에서 그것은 연속적인 실천을 의미한다. 처음에는 금욕적 행위, 다음에는 명상(주로 특정한 대상에 집중함으로써), 그리고 마지막으로[23] 식별적 통찰이다. 3학이 처음 성립했을 때도 아마 이와 같은 식으로 기능했을 것이다.

그러나 어떤 경전(예를 들어 MN 64)은 높은 단계의 선정 (이후가 아니라) 안에서 식별적 통찰이 실현된다고 가르친다. 여기에서 식별적 통찰의 실현은 다른 경전에서 4제의 인식과 같은 지위를 가지는 것으로 나타난다. 여기에서는 4제의 인식과 관련해서 위에 언급된 것보다 더 큰 문제가 제기된다. 식별적

---

23 『청정도론』은 식별적 통찰이 불가능한 명상 상태와, 그러한 상태 직후의 집중된 마음을 구분한다; p.311: … samāpattito vuṭṭhāya samāhitena cittena vipassissamā ti … 참조. 또한 appanāyaṃ ṭhatvā vipassanaṃ vaḍḍhento(『청정도론』 p.153)를 언급하는 냐나틸로카의 『청정도론』 번역본(Konstanz, 1952)의 p.890 주43도 보라: "그는 깊은 삼매로부터 나온 후 다시 획득한다. 왜냐하면 깊은 삼매에서는 다섯 구성 요소를 무상, 고, 무아로 관찰할 수 없기 때문이다." 슈미트하우젠, 1981, 242와 비교하라.

통찰은 4제를 인식하는 것보다 어떤 종류의 추론을 더 필요로 한다. 무상한 것은 어떤 것이든 불만족스럽고 불만족스러운 것은 무아라고 알아야 한다. 그러한 추론은 높은 단계의 정려에서는 불가능한 것으로 보인다. 그러므로 이들 경전은 순수한 문헌적(literal) 산물로 간주할 수밖에 없다(12장 참조).

실제로 식별적 통찰을 위해 정려를 실천할 때, 그것은 이러한 통찰의 예비과정으로 실천된 것으로 보인다. 정려가 식별적 통찰에 선행한다는 사실은 이 정려가 더 이상 오래된 방법에서 나타난 것이 아니라는 것을 함축한다. 오래된 의미에서 가장 높은 단계의 정려 후에는 식별적 통찰을 필요로 하지 않기 때문이다. 금욕적 행위 역시 이 새로운 정려에 필수적이라는 것도 거부되지 않는다. 그러나 그것은 더 인위적으로 만들어진 정려에 들어가기 전에 필요한 고요함을 보장하기 위한 것이다. 상좌부 전통에서는 '카시나(kasina, 遍處)' 훈련의 실천, 곧 순수한 요소와 색에 집중하는 것에 특별히 주의를 기울여야 한다. 이 훈련은(위에서 언급한) 통각과 느낌의 소멸을 정점으로 하는 4정려와 4무색정이라는 길의 첫 번째 단계다. 그것은 순수한 형태(rūpa)로 특징지어지고, 어떤 형태도 없는 명상으로 전환할 수 있는 종류의 정려를 체득하게 된다는 것을 의미한다. 그러나 순수한 형태는 정려의 길에 나타난 정려의 단계에 대한 기술에서는 언급되지 않는다.

정려 이후에 식별적 통찰을 실천한 사람들은 8정도가 이러한 실천을 위한 것임을 언급하려 노력했다. 이따금 그것은 식별적 통찰을 포함하는 것으로 해석되었다. 그러나 식별적 통찰은 8정도의 첫 두 요소에만 삽입될 수 있다. 이런 사람들에게는 구원을 향한 길이 바른 삼매가 아니라 식별적 통찰을 정점으로 하기 때문에 그들은 MN 44에서 담마딘나 비구니가 그랬던 것처럼(DN II pp.216-217과는 대조적으로), 8정도가 한 단계에서 다음 단계로 올라가야 하는 것이 아니라 중요한 수단의 목록일 뿐이라고 결론지어야 했다.[24]

24 예를 들어 AN 10의 많은 경전에서는 8정도에 인식(ñāṇa, 그것은 아마도 4제의 인식 혹은 식별적 통찰일 것이다)과 해탈(vimutti)이라는 두 요소가 첨가되는 단락들도 발견된다.

그들은 붓다가 단식을 중단한 것을 기억하고 그것을 붓다가 세간적인 풍요로 돌아간 증거라고 간주한다. 그러나 붓다가 다가오자 그들은 스스로 주체하지 못하고 일어서서 '친구 고타마여'라는 말로 붓다를 맞이한다. 이때 붓다는 말한다. "여래를 이름이나 '친구'라는 말로 부르지 말라. 여래는 아라한이고 완전히 깨달은 자다. 들어라. 불사가 발견되었다(amatam adhigatam). 내가 가르치겠다. 내가 법을 설하겠다. 내가 가르치는 대로 행한다면 그대들은 현세에서(diṭṭhe va dhamme) 좋은 가문의 자식들이 출가하는 최고의 목적인 경건한 삶(brahmacariya)을 알고 실현하며 거기에 머물 것이다."

Part I 정려 명상

/ 1 /

붓다, 중도 곧 정려 명상을 발견하다

오늘날까지 전해 내려온 붓다 전기 중 가장 믿을 수 있는 한 구절[1]은 붓다가 더욱 가혹해지는 고행을 마친 후 그것이 구원을 얻기에는 무용하다는 것을 깨닫고 그 순간 어떻게 유년 시절을 기억해냈는지 서술하고 있다(MN 36, I p.246).

> "그때 아기베사나여, 나는 다음과 같이 생각했다. '나는 아버지 사카가 (들에서) 일할 때 시원한 잠부 나무 그늘에 앉아 있었던 것을 기억한다. 욕망을 일깨우는 대상들과 분리되고 해로운 속성[2]들과 분리되어 심사와 숙고를 동반한 기쁨과 즐거움(pīti-sukha)의 (상태인) 첫 번째 정려[3]에 도달하고 잠시 동안 거기에 머물렀다. 이것이

....

1 P. 호쉬(Horsch), "Buddhas erste Meditation", *Asiatische Studien* 17, 1964, 100-154; A. 바로, *Recherches* 1963, 47-48; J. 브롱코스트, *The Two Traditions*, 16. 참조.

2 해로운 속성(Akusalā dhammā)은 아마도 욕망, 분노 등을 의미할 것이다. 정교화한 구원을 향한 길에서 감관을 제어하는 데 대한 기술, 예를 들어 MN I p.180, 29: abhijjhādomanassā pāpakā dhammā 참조.

3 P. 자나(jhāna). 이 디야나/자나(dhyāna/jhāna)를 언급할 때 내가 결코 적용하지 않는 이 단어의 다른

정각(bodha)으로 가는 길(magga)일 수 있을까?' 이렇게 기억한 후 아기베사나여, 나에게 다음과 같은 앎이 생겼다. '이것은 정각으로 가는 길이다.' [그 후] 아기베사나여, 나는 생각했다. '내가 왜 욕망을 일깨우는 대상과 아무런 관련이 없고 해로운 속성과 아무 관련이 없는 이 행복을 두려워해야 하는가?' [그 후] 아기베사나여, 나는 생각했다. '욕망을 일깨우는 대상과 아무런 관련이 없고 해로운 속성과 아무 관련이 없는 이 행복을 나는 두려워하지 않는다.' "

유년의 경험에 대한 기억은 불교에서 첫 번째 정려에 대한 일반적인 용법이 된, 정형적 개념으로 기술되어 있다. 붓다가 유년 시절에 이것을 기술된 대로 정확히 경험했거나 혹은 그것을 어떤 목표를 위한 일련의 과정 중 첫 단계라고 간주했을 것 같지는 않다. 그러나 이 이야기의 핵심이 역사적 사실인 것은 의심할 바 없는 듯하다. 그것은 그가 어딘가에서 조용히 앉아 있는 동안 기쁨과 즐거움의 상태를 경험한 것에 대한 기억, 혼란스러운 감정뿐 아니라 혼란스러운 대상도 없는 것에서 야기된 상태를 상기한 것이다. 그러한 환경은 평정하게 사물을 관찰하고 숙고할 수 있는 그런 것이다.

이따금 우리들은 좋은 풍광이나 예술작품을 보는 동안 욕망이 없는 행복한 순간과 같은 그런 상태를 경험한다. 그러나 관찰된 대상을 소유하려는 노력을 통해 이 상태를 지속시키려고 시도하자마자 그러한 순간은 끝나고 만다. 그

....

용법(아마도 자이나교의?)에 대해서는 MN 36 (I p.243, 4: yan-nūnāhaṃ appānanakaṃ jhānaṃ jhāyeyyan-ti) 등에 나타난 논쟁적인 문장 참조. *The Two Traditions*(제1장 보살의 고행)에서 J. 브롱코스트는 상당한 지면을 할애하여 이 문제를 논의한다.

상태는 이기적인 욕망과 바람으로는 지속시킬 수 없다. 그러나 수년간의 고행을 통해 수행자 고타마는 이 기억을 새로운 경험으로 전환하고 그것을 강화하고 변형할 수 있는 마음 상태에 도달해 있었다.

MN 36의 설명에 따르면 이 새로운 경험을 성취하기 전에 여전히 두 가지 장애물을 제거해야 한다고 한다. 그것은 고행에 치우친 선입관과 허약한 육체 조건이다.

고행에 치우친 선입관이란 즐거움이 아니라 오직 고통(그것을 고통스럽게 감내하거나 고행을 통하던가)을 통해 구원에 도달할 수 있다는 것이다.[4] 고타마도 역시 '욕망의 대상(kāma)'에 의존해 있는 세간적인 즐거움으로는 구원에 도달할 수 없다는 것에 동의했다. 이러한 이유 때문에 그는 출가하여 사문이 되려 했다.

그러나 그는 수년간 고통을 통해서 구원에 도달하려 노력했지만 실패하고 말았다. 그는 극단적인 고행을 겪었지만,[5] 얼마 후 그러한 방법으로는 구원을 찾을 수 없을 것으로 확신했다. 이것은 그가 내세에 관해서 뿐 아니라 현재 삶에서의 해탈이라는 구제론적인 경험을 추구하였고, 고통을 감내함으로써 언젠가 해탈한다고 설하는 교리를 받아들이지 않았다는 것을 보여준다. 그리고 유년 시절의 기억은 세간적 즐거움과 고행을 제외한 제삼의 가능성을 제공하였다. 그것은 욕망의 대상에 의지하지 않는 축복 상태이며 오히려 모든 욕망의 부

4 MN 14(I p.93): Na kho āvuso Gotama sukhena sukhaṃ adhigantabbaṃ, dukkhena kho sukhaṃ adhigantabbaṃ 참조.

5 적어도 붓다가 알고 있던 모든 가능한 방법들이다. 붓다가 고행에 최선을 다했다는 것을 보여주기 위한 자료의 내용을 모두 믿을 필요는 없다.

재를 통해서만 가능한 것이었다. 이것이 바로 위에서 인용한 문단에 나온 것처럼 "내가 왜 이 행복을 두려워해야 하는가?" 하고 묻고 "나는 이 행복을 두려워하지 않는다" 하고 대답한 이유다.

두 번째 장애는 오랜 단식으로 인한 허약한 육체 조건이다. 이 경전에서 더 설명하듯이 허약한 몸으로는 이러한 행복에 도달하고 그 상태를 유지할 수 없다고 그는 생각했다. 이 때문에 다시 영양이 풍부한 음식을 먹기 시작했다. 음식에 대한 태도를 바꾸자 이때까지 그를 존경하고 따랐으며 그가 구원을 얻을 것이라고 기대했던 다섯 사문은 그를 떠났다.

음식을 섭취하여 건강을 되찾고 난 후 그는 유년 시절의 경험으로부터 상기한 상태에 도달했다. 후대의 용어를 따르면, 바로 그 시점에서 그는 첫 번째 정려에 도달했다. 얼마 후 첫 단계의 특징인 심사와 숙고가 사라지고 내적 고요(ajjhattaṃ sampasādanaṃ)와 마음의 집중(cetaso ekodibhāvo)이 일어났다. 기쁨과 즐거움이라는 느낌은 여전히 남아 있었지만 그것은 이제 첫 단계에서 내외의 혼란으로부터 분리된 것에 기인한 것과는 달리 명백히 삼매(samādhi)로부터 생긴 것이다. 이것을 두 번째 정려라고 했다.

그 후 기쁨(pīti)의 느낌에 대한 관심은 느낌 그 자체와 함께 사라졌다. 그는 평정하고(upekkhaka), [모든 현상의 활동을] 자각하며(sata), 날카롭게 지각하게(sampajāna) 되었다. 그러나 그는 여전히 신체를 통해(kāyena) 즐거움(sukha)을 경험했다. 이것을 세 번째 정려라고 했다.

마침내 그는 육체적 즐거움을 버리고 침울과 고통이 제거된 만큼이나 즐거움과 환희도 제거된, 완전한 평정과 자각(upekkhā-sati-pārisuddhi)의 상태를 성취한다. 이것이 네 번째 정려라고 알려진 것이다.

이런 식으로 그는 원칙적으로는 누구라도 도달할 수 있을 것으로 보이는 상태를 강화하고 변형했다. 순수한 평정과 자각은 분리로부터 발생한 즐거움의 유일한 잔존물이다. 이것이 그가 처음으로 발견했다고 느꼈던 것이다. 그러나 또한 그는 근래 수년 동안 찾아 헤매었던 최고의 구원, 재생으로부터의 해방을 발견했는가? 이 사건을 언급한 대부분의 자료들에 따르면 아직 그는 그것을 완전히 발견한 것이 아니었다. 이 자료들에 따르면 그는 언어로 표현할 수 있는 해탈적 통찰에 도달하기 위해 변형된 마음 상태를 이용해야만 했다. 대부분의 자료에 따르면 그는 이때 비로소 4제 혹은 4제에 대한 인식을 정점으로 하는 세 가지 인식을 얻었다고 한다.

이 다른 종류의 인식들은 다음 장(8장과 14장)에서 다룰 것이다. 4제는 이러한 마음 상태에서 비롯되었을 것이다. 그러나 자료들은 4제를 인식하는 것에 의해서가 아니라 4제와 바른 삼매를 정점으로 하는 8정도를 실천함으로써 해탈한다고 가르친다. 앞으로 보게 되듯이 이 바른 삼매는 다양한 방식으로 해석되었다. 그러나 여기에 언급된 심리적 기술보다는 교리적 접근에 더 의존했음에도 불구하고, 4제가 반성의 결과로 보이기를 원치 않았던 후대의 한 학파는 어떤 해석의 자유도 거부했다. 그 학파는 언어와 개념을 직접적으로 붓다의 해탈 경험에 놓으려 했다. 다음 장에서 우리는 4제에 속하는 고통의 소멸이라는 개념이 아니라 '불사(a-mata)'라는 말이 아마도 이 경험에 대한 첫 해석으로 붓다에 의해 사용된 것을 보게 될 것이다.

SN 2.12에 '정려 [명상]을 소유한 자(jhāyino)는 죽음(maccu)에 종속되지 않는다'는 단언도 처음에는 언어로 정형화하지 않았던 해탈 체험을 가리킨다.

심지어 마라가 첫 번째 정려에 있는 자를 볼 수 없다던가(MN 25), 마라의 힘에서 벗어났다(AN 9.4.8)는 것도 매우 오래된 서술로 보인다. 여기서도 또한 어떤 교리도 발견할 수 없다. 마라는 아마도 매우 오래된, 죽음에 대한 불교적 인격화일 것이다(어쨌든 그것은 힌두 신화나 발전된 불교 교리로 설명할 수 없다). 이상 언급된 두 곳은 SN 2.12와 거의 동일한 진술을 하고 있다.

이것은 또한 붓다가 4제 혹은 다른 것을 발견함으로써 구원의 경험을 완성한 것이 아니라는 사실을 지적한다. 그러나 그의 경험은 그 자신의 지도방침 때문에 사용된, 그리고 이러한 목적을 다른 사람에게 선언하기 위해 사용된, '불사의 발견' 혹은(이후에는) '고통의 소멸'이라는 해석을 포함한 그러한 성격이었을 것이다.

/ 2 /
첫 번째 설법

앞 장에서 나는 붓다의 해탈 체험이 언어로 표현된 것이라는 전통적인 견해를 따르기 주저했었다. '첫 설법'의 구조도 이것을 지지한다.

폭넓은 범위의 자료에 기록되어 있는 '초전법륜'이라고 이름 붙은 설법은 도입부까지 포함한다면 주목할 만한 순서를 보여주는 다섯 부분으로 구별할 수 있다.[6] 네 번째 부분은 4제의 교리고, 다섯 번째 부분은 붓다가 어떻게 이 진

……………

6 팔리 율장 대품 I p.8ff(분석의 출발점이다).
SN 56.11(1이 없음) = 율장 I p.10ff.
『마하바스투(Mahāvastu)』 ed. by 세나르(Senart), tome 3, Paris 1897, p.328ff.
『랄리타비스타라(Lalitavistara)』 ed. by 레프만(Lefmann), Halle 1902, p.407ff(『마하바스투』와 『랄리타비스타라』에서 발췌한 것이 F. 에저튼(Eedgerton)의 *Buddhist Sanskrit Reader*, New Haven, 1953 p.17ff에 수록되어 있다; 그도 또한 『초전법륜경』의 편집적 성격을 지적하였다).
아마도 가장 오래된 한역은 『중본기경』(대정4, No.196, 148a14-149a12)일 것이다. E. 취르허(Zürcher), *Het Leven van de Boeddha*, Amsterdam, 1978, p.113ff를 보라(매우 손상된 판본이다).
『근본설일체유부율』의 「파승사(Saṅghabhedavastu)」, ed. by 그놀리(Gnoli), Roma 1977, I p.133ff(여기서는 4가 5 뒤에 있고 두 번째 설법에 포함되어 있다. 동일한 순서와 세부 내용이 서술된 것이 『사중경(Catuṣpariṣatsūtra)』, ed. by 발트슈미트(Waldschmidt), Berlin 1962, "Vorgänge" 11-14에서도 보인다. R. 클롭펜보그(Kloppenborg), *The Sūtra of the Foundation of the Buddhist Order*, Leiden 1973 p.IX-XIII와 21-29를 보라).
바로, Recherches 1963, 161-189 참조.

리를 발견했으며 완전히 깨닫게 되었는가(그리고 어떤 판본에서는 해탈하게 되었는가)에 대한 보고를 포함하고 있다.

설법은 다음과 같은 다섯 부분으로 구분될 수 있다.

1. 단식을 포기했을 때 붓다를 버린 다섯 사문을 만나다
2. 중도
3. 8정도
4. 4성제
5. 붓다의 완전한 정각

내가 정려 명상으로 해석한(아래를 보라) '중도'(두 번째 부분)가 붓다의 가르침에서 핵심으로 나타난다. 중도는 3과 4에서 점점 커지는 틀 안에 놓여 있다. 5는 완전한 정각을 4성제의 발견(4)이라고 정의하고 이 발견의 모든 함의를 완수했다고 하고 있다. 3에서 5까지는 다음 장들에서 다룰 것이다. 이 장에서는 먼저 1과 2를 다룬다. 1은 MN 26(I pp.171-173)에서도 발견된다.

『초전법륜경』의 시작부분은 역사적인 사실로 받아들여질 만하다. 그것은 모든 판본에 나타난다. 붓다는 예전의 동료들에게 자신을 여래라고 말하면서 불사를 발견했다고 주장한다. 불사에 관한 짧은 설법은 『근본설일체유부율』(그리고 그와 관련한 문헌)에는 없다. 대신 여래를 '친구'라는 말과 이름으로 부르는 것을 거부한 후, 만약 그렇게 부른다면 큰 고통이 있을 것이라고 하는 부분이 있다. 그러나 『근본설일체유부율』에서도 앞에 등장하는 게송에서는 불사라는 주제가 나타난다(『파승사(Saṅghabhedavastu)』 ed. 그놀리(Gnoli) p.129: apāvṛṇīṣva amṛtasya dvāraṃ, p.130: apāvariṣye amṛtasya dvāraṃ, Vinaya I pp.5-7과 MN 26, I pp.168-169 참조). 그것은 비록 신화적인 맥락이지만 첫 번째 가르침을 상기시킨다. 화지부의 『오분율』과 법장부의 『사분율』(바로, Recherches 1963, 163-164 참조), 그리고 『랄리타비스타라』에는 큰 고통이 있을 것이라고 하는 부분과 불사에 대한 설법이 모두 나타난다.

붓다는 베나레스 근처의 녹야원에 도착한다. 다섯 사문은 멀리서 그가 오는 것을 보고는 결코 일어서지도 않고 그를 존중하여 맞이하지도 않기로 한다. 그들은 붓다가 단식을 중단한 것을 기억하고 그것을 붓다가 세간적인 풍요로 돌아간 증거라고 간주한다. 그러나 붓다가 다가오자 그들은 스스로 주체하지 못하고 일어서서 '친구 고타마여'라는 말로 붓다를 맞이한다. 이때 붓다는 말한다. "여래[7]를 이름이나 '친구'라는 말로 부르지 말라. 여래는 아라한[8]이고 완

7 문자적으로는 '그렇게 간(tathā-gata)'(나중에는 '그렇게 온(tathā-āgata)'으로도 해석되었다)이라는 뜻인 여래(Tathāgata)는 원래 더 이상 재생하지 않는 사람을 가리키는 개념인 것으로 보인다. 이런 의미는 '사후에 여래는 존재하는가, 존재하지 않는가?' 하는 질문이 검토되는 MN 72뿐 아니라 MN 22 I p.140, 3-6(9장의 마지막 참조)에도 나타난다. 그리고 MN I p.486, 21에서는 여래 대신 마음이 해탈한 비구(vimuttacitto … bhikkhu)가 사용된다. 아마도 여래라는 말은 이 부분의 모든 판본을 대조함으로써 알 수 있듯이 붓다가 자기 자신을 지칭할 때 사용한 최초의 개념이다. 오래지 않아 여래라는 말은 붓다(후대에는 붓다들)의 명칭이 된다. 다섯 사문과 첫 만남에서 붓다는 이 개념을 다음과 같은 의도로 사용하였을 것이다. "나는 '그렇게 간 자', 다시 말하면 그대들이 항상 내가 얻기를 기대했던 그러한 경험을 얻은 자다. 나는 이제 모든 존경을 받을 만하고 '친구여' 라는 말이나 이름으로 불릴 수 없다." 그러나 팔리어본에서는 이미 약간의 편집이 있었을 것이다. 이 판본을 따를 때 나는 어쩔 수 없이 여래를 고유명사로 간주하여 '여래(=나)는 아라한이다(=해탈하였다)' 하고 번역할 수밖에 없었다. 이러한 명명법을 사용한 것이 붓다가 처음이라면 자이나 경전에 나타나는 여래라는 말은 구원으로 가는 길을 갔다는 측면으로 설명할 수 있다. 그러나 불교에서도 구원으로 가는 길을 갔다는 측면이 지배적으로 되었다.

8 여래가 붓다에 대한 명호가 된 이후 문자적으로는 '존경할 만한'이라는 뜻을 가진 아라한(S. arhat, P. araha)이 더 이상 재생하지 않는 사람을 가리키게 되었다.
이후 아라한이라는 말은 다음과 같은 빈사를 가진다(예를 들어 MN 35 I p.235, 10): 아라한은 루(漏)

전히 깨달은 자다. 들어라. 불사가 발견되었다(amatam adhigatam). 내가 가르치겠다. 내가 법[9]을 설하겠다. 내가 가르치는 대로 행한다면 그대들은 현세에서(diṭṭhe va dhamme) 좋은 가문의 자식[10]들이 출가하는 최고의 목적인 경건한 삶(brahmacariya)을 알고 실현하며 거기에 머물 것이다." 나아가 붓다는 단식의 포기가 세간적인 풍요로 돌아간 것이 아님을 다섯 사문들에게 설명했고 마침내 그들을 설득하여 그의 설법을 듣도록 했다.

MN 26에는 가르침의 내용이 나타나지 않는다. 거기서는 다만 다섯 사문 중 둘 혹은 셋이 나머지 모두를 위한 음식을 탁발하고 붓다는 계속해서 그들을 가르쳤다고만 서술한다. 이 점에서 『초전법륜경』이 우리에게 도움이 될 수 있다. 『초전법륜경』에서는 앞서 언급한 다섯 부분 중 둘째인 중도에 대한 설법이 바로 위에서 서술된 붓다의 말 뒤에 이어지고 있다.

먼저 출가자(pabbajita)가 모두 피해야 할 두 가지 극단이 서술된다. 하나는

....

를 파괴하였고, (종교적 삶에서) 완성에 도달하였으며, 해야 할 일을 다 했고, 짐을 내려놓았으며, 구원에 도달하였고, 생존으로 이끄는 모든 속박을 끊었으며, 바른 통찰을 통해 해탈한다(khīṇāsavo vusitavā katakaraṇīyo ohitabhāro anuppattasadattho parikkhīṇabhavasaṃyojano samma-d-aññāvimutto).

9 많은 문장에서 법(S. dharma, P. dhamma)은 (이론적 진리라는 의미보다는) 실천해야 할 행위 규범이라는 의미에서 가르침 혹은 교리로 번역할 수 있다. 어떤 맥락에서 법은 '상태'라는 의미로 사용된다. 문자적으로는 이미 보여진 상태라는 뜻을 가진 현법(現法, diṭṭhe va dhamme)은 '이미 이 생에서'라는 의미를 가진다. 법이 복수로 사용될 때, 때로는 (앞 장에서 보았듯이) '심리적 속성'을 그리고 일반적으로 '사물들'을 의미한다. 대부분의 불교학파에서는 생존의 기본 요소를 복수 형태의 법으로 나타낸다.

10 좋은 가문의 자식(S. kulaputra, P. kulaputta)이란 글자 그대로는 (좋은) 가문(kula)의(=속하는) 아들(P. putta)이다. 이 단어와 그것의 여성형인 쿨라디타(kuladhītā)는 아마 원래는 상위계급 사람을 가리키는 '성스러운(ariya)'이라는 단어와 같은 의미였을 것이다. 그러나 불교에서 계급의 의미는 고려하지 않고 높은 도덕규범을 실천하는 사람들이라는 의미로 사용한다. 일반적으로 사용하는 개념에 도덕적 혹은 정신적 의미를 부여하는 것은 붓다가 설법할 때 보여주는 특징일 것이다. 그러나 이러한 특징은 쉽게 모방될 수 있기 때문에 붓다의 진설에 대한 기준으로는 조심스럽게 사용해야 한다.

욕망의 대상에 대한 즐거움에 탐닉하지 말아야 하는 것으로, 그 즐거움에 대한 탐닉은 낮고 통속적이며 평범하고 신성하지 않으며 해로운 것이다. 다른 하나는 자신의 몸을 괴롭히는 것에 탐닉하는 것으로 그것은 고통스럽고(비록 낮거나 통속적이거나 평범한 것은 아니지만 여전히) 신성하지 않으며 해로운 것이다. 이 양 극단을 피함으로써 여래는 중도를 발견하고(abhisambuddha), 중도는 눈을 열어주고 알게 하며 평정과 통찰과 정각(sambodha)과 열반[11]으로 이끈다. 이 중도란 무엇인가?

여기에서 『초전법륜경』은 내가 구분한 다음 부분으로 간다. 거기에는 '8정도'가 서술된다. 8정도는 '바른 삼매'를 정점으로 하는 여덟 개념이다. 이에 대해서는 다음 장에서 다룰 것이다.

당분간은 중도가 무엇인가 하는 질문에 대해 단순한 대답만 있다. 거의 틀림없이 처음에는 내가 정려 명상[12]과 거의 동의어로 간주한 '바른 삼매'만이 언급되고 그것을 목표로 하는 다양한 수단은 언급되지 않았을 것이다. 처음에 붓다는 피해야 할 양 극단을 언급하는 것이 중간에 있는 세 번째 가능성, 곧 정려 명상에 거의 자동적으로 도달하게 할 것이라는 전제하에서 첫 설법을 시작했을 것이라고 나는 가정한다. 다음 과제는 중도를 암시함으로써 드러난 정려 명

....

11 이 모든(유사)동의어가 반드시 가장 오래된 시대로부터 유래하는 것은 아니다. 가장 오래된 형태는 처음에는 아마 일련의 개념들이었을 것이다(열반에 관해서는 제4장 참조). 그러나 그러한 일련의 개념을 정신적 발전의 단계로 이해하려는 시도도 있다는 것에 유의해야 한다. 제7회 세계산스크리트학회(Leiden, August 1987)의 초기불교 패널에 대한 기고문에서 K. R. 노만은 "nāyaṃ dhammo nibbidāya na virāgāya na nirodhāya na upasamāya na abhiññāya na sambodhāya na nibbānāya saṃvattati"(MN 26 I p.165)를 그런 방식으로 해석했다.

12 최고층 불교의 개요 주21 참조.

상의 첫 단계를 강화하고 변형하는 것이다. 그는 제자들에게 다음 단계를 설명하고 지도해야 했다. MN 26에서 언급한 것과 같이 붓다가 더 이상 스스로 탁발에 나서지 않고 계속해서 다섯 사문 중 둘 혹은 셋을 가르쳤다는 것은, 내 견해로는, 교리적인 형태의 가르침이나 정려 단계를 반복해서 설명하는 것이 아니라 이러한 서술 구도 안에 있는 명상과정에 대한 집중적인 지도를 가리키는 것이다.[13]

13 이 점에서 내 해석은 『초전법륜경』 전체의 마지막 부분과 완전히 갈라진다. 팔리어 율장에 따르면 붓다가 '첫 설법'에서 유일하게 성취한 것은 다섯 사문 중 콘단냐가 '발생하는 모든 것은 소멸하는 속성을 갖는다'는 것에 대해 깨끗한 '법안'을 얻게 되었다는 것이다. 이것은 콘단냐가 불교 승가의 첫 구성원이 되려고 한 것으로 귀결된다. 여기에 계속되는 가르침은 다른 네 명이 각각 두 명씩 차례대로 법안을 얻고 역시 불교 승단의 구성원이 되는 것으로 귀결된다. 루(漏)와 재생으로부터의 해탈은 '두 번째 설법'을 듣고 이해한 후에야 발생한다(Vinaya I p.14: imasmiṃ ca pana veyyākaraṇasmiṃ bhaññamane pañcavaggiyānaṃ bhikkhūnaṃ anupādāya āsavehi cittāni vimucciṃsu; 식별적 통찰에 관해서는 제8장 참조). 달리 말하면 그것은 선정에 의해서 발생한 것도 아니고 선정을 고무하는 설법을 들은 후에 발생한 것도 아니다. 이 전통에서 선정을 고무하는 것은 거기에 부가된 모든 문장을 포함해서 첫 번째 설법으로 전해져 내려온다. 그것은 식별적 통찰과 관련되어 있지만 어떤 연관성이 있는지 알 수 없다.
『근본설일체유부율』(Saṅghabhedavastu ed. Gnoli I pp.137-139)에서는 4성제를 선언한 것이, 그것을 들은(4제에 속하면서, '바른 삼매'를 정점으로 하는 8정도를 실천한 것이 아니라) 아즈냐타-카운딘야(Ājñāta-Kauṇḍinya)로 하여금 모든 루(漏)(그리고 재생)로부터 해탈하게끔 하였다. 5비구 중 나머지는 식별적 통찰에 관한 설법을 듣고 해탈했다.

/3/
8정도

이제까지 『초전법륜경』에서 다섯 사문을 만난 부분과 중도를 선언하는 형태인 첫 설법 부분 등 두 부분을 살펴보았다.

이제 세 번째 부분인 8정도를 살펴보자. 이 길은 일련의 여덟 개념으로 이루어져 있다.

1. 바른 견해(sammā-diṭṭhi)
2. 바른 결심(sammā-saṅkappo)
3. 바른 말(sammā-vācā)
4. 바른 행위(sammā-kammanto)
5. 바른 생계(sammā-ājīvo)
6. 바른 노력(sammā-vāyāmo)
7. 바른 주의집중(sammā-sati)
8. 바른 삼매(집중)(sammā-samādhi)

이 여덟 개념은 명백히 바른 삼매에 도달하기 위한 모든 종류의 설명을 담고 있다. 중도와 8정도의 차이는 다음과 같이 설명할 수 있을 것이다. 붓다는 단순히 그의 통찰을 설명하는 것만으로는 다섯 사문이 그가 발견한 것에 도달하도록 하기에는 불충분하다는 것을 알게 되었을 것이다. 따라서 그는 정려 명상의 출발점이 되는 (기쁜) 마음 상태에 도달하기 위한 방법을 모색해야만 했다. 그가 중요하다고 생각한 점이 명백히 8정도에 담겨 있다.[14] 그러나 이것이 그가 꼭 그러한 방식으로 설법했다는 것을 의미하지는 않는다. 이것들은 가르침을 위한 주제일 뿐이고, 그 자체로는 전혀 의미가 없다.

『초전법륜경』이 이 점에 대해서는 더 이상 설명하지 않기 때문에 경장의 다른 곳에서 설명을 구하는 것이 허용될 것으로 보인다. 나는 8정도를 주석 방식으로 설명하는 구절들을 고르지 않을 것이다. 그러한 장치는 후대의 발전을 가리킬 뿐 아니라 종종 구체적인 정보를 거의 포함하고 있지 않다.[15] 이를 검토하는 가장 좋은 방법은 경장에서 8정도와 함께 나타나는 정려의 길에 대한 자세한 서술[16]을 정리하고 어떤 요소가 일치하거나 유사한가를 살피는 것으로 보인다. 이 정려의 길에 대한 자세한 서술 자체는 몇 단계의 발전을 거친 것이다. 심지어 8정도의 길에 나타난 관념과 비교될 수 있는 특정한 요소는 후대에 부가된 자세한 설명을 갖고 있다. 이러한 이유로 어느 정도의 조심성이 요청되며 나는 간단한 설명을 제시하는 데 그칠 것이다. 내가 이들 문장을 특정한 방식

14 AN 7.5.2. 참조. 여기에는 첫 일곱 개념이 '바른 삼매'를 위한 것으로 해석되고 있다. 같은 관념이 DN 18과 MN 117에서도 발견된다.

15 예를 들어 MN 141 혹은 MN 117.

16 6장 주28 참조.

으로 해석하는 이유는 6장에서 분명해질 것이다. 거기서는 구원을 위한 정려의 길과 상응하는 문장을 살펴볼 것이다. 반면 이 문장의 핵심이 8정도와 일치한다는 사실이, 내가 이 문장을 정려의 길에 대한 자세한 서술 중에서 가장 오래된 것으로 간주하는 이유가 된다.

이러한 조건하에서 8정도의 해석은 다음과 같을 것이다.

1. 바른 견해: 모든 것이 죽음과 더불어 끝나는 것은 아니라는 사실에 대한 믿음,[17] 그리고 붓다가 자신이 성공적으로 따라갔던 구원의 길을 선언했다는 믿음.
2. 바른 결심: 출가하여 탁발승으로 이 길을 따르고자 하는 것.
3. 바른 말: 거짓말하지 않는 것, 거친 말을 사용하지 않는 것, 다른 사람이 한 말을 옮김으로써 두 사람을 이간하지 않는 것, 구원에 도움이 되는 필요한 말만 하는 것.
4. 바른 행위: 죽이거나 해치지 않는 것, 주지 않는 것을 가지지 않는 것, 성

17 AN 10.17.10(Nal. ed. IV p.320, 26) 참조: "그는 바른 견해를 가졌다(samm- ādiṭṭhiko hoti), 그는 사물을 잘못된 방식으로 보지 않는다: 보시물은 존재하고, 제물은 존재하고, (불에) 던져진 것은 존재하고, 결과 곧 선행과 악행에 대한 과보는 존재하고, 이 세상은 존재하고, 저 세상은 존재하고, 어머니는 존재하고, 아버지는 존재하고, 화생은 존재하고, 바른 길을 따라 이 세상과 저 세상을 자신의 경험으로 설명한 사문과 바라문이 이 세상에 존재한다."
이 정형구는 다소 고풍의 형식(14장 참조)을 지니고 있다. 이것은 아지타 케사캄발라(Ajita Kesakambala)의 가르침을 역전시킨 것이다(DN 2, I p.55). MN 117, III p.72에서는 바른 견해의 새로운 정의에 의해 어떻게 대체되는지 볼 수 있다. 그것은 특히 '내세'에서 우리 행위의 결과를 가리킨다. 그러나 마지막 문장은 붓다가 자기 자신의 체험을 통해 이 세상뿐 아니라 내세로부터도 벗어나는 길을 발견했다는 관념을 도입할 수 있게 한다(구원에 대한 정교화한 길의 시작은 6장 참조).

행위를 하지 않는 것.

5. 바른 생계: 탁발로 살아가는 것, 그러나 모든 것을 받지는 않고 엄격하게 필요한 것만 가지는 것.
6. 바른 노력: 감각적 느낌이나 감각적 생각이 주의를 끌 수 있는 가능성을 막는 것.
7. 바른 주의집중: 모든 행동을 무의식적으로 하지 않고 완전히 자각하는 것.
8. 바른 삼매: 앞서 설명한 4정려(더 정확하게는 첫 번째 정려가 일어난 얼마 후에, 다른 단계의 정려가 발생할 수 있는 강한 집중 상태가 주어진다; 두 번째 단계는 '삼매로부터 발생한(samādhi-ja)'이라고 불린다).

아마 엄격하게 순차적으로 8정도를 따라야 할 필요는 없으며 어떤 것들은 동시에 행해질 수 있다. 그러나 전혀 순서가 없고, 그러므로 방향이 없다고 가정하기는 힘들다. 나중에 '식별적 통찰(P. paññā, S. prajñā)'의 방법이 도입되고, 이 방법의 추종자들이 8정도에서 '식별적 통찰'의 방법을 찾아내고자 했을 때, 그들은 8정도를 순수하게 개념들의 집합으로 해석해야만 했다. '식별적 통찰'은 8정도에는 포함되어 있지 않다. 그럼에도 불구하고 8정도에서 그것을 발견하고자 했다면 첫 두 요소를 그런 식으로 해석할 수밖에 없었을 것이다. 이미 MN 44에서 담마딘나 비구는 이렇게 했다. 8정도를 이러한 의미에서 해석하는 전통은 여기에서 시작해서 현대까지 이어져오고 있다. 『불교사전』(Konstanz, 1953)에서 냐나틸로카 스님은 첫 두 개념을 '바른 통찰(rechte Erkenntnis)'과 '바른 태도(rechte Gesinnung)'로 번역했다. 이 번역은 8정도에서 '식별적 통찰'의 의미를 나타낼 수 있게 한다. 그가 간주하듯이 '식별적 통찰'이 '바른 삼매'보다 차원 높은 방법이라면, 8정도가 순차적이라는 관념을 포기하는 것 외에는 선택의 여지가 없다(pp.120-121 참조).[18]

18 자료적 입론에 민감한 불교도들은 AN 10.11.3(그리고 10.12.9)에서, 바른 견해 후에 바른 결심이 뒤따르고 바른 결심 후에 바른 말이 뒤따르기 때문에 8정도가 명백히 가르쳐졌다고 한다. 사실 나는 이 경전을 아주 본래적인 것으로 간주하지 않고 나의 입론에 포함시키지 않을 것이다.

/ 4 /

4성제

4성제[19]는 그 안에 8정도가 (그리고 결과적으로 정려 명상도) 배치되어 있는 이론적 구조다. 그것은 의사가 자신의 치료법을 설명하기 위해 사용한 이론적 구조와 닮았다(그러나 반드시 역사적으로 그것에 의존할 필요는 없다). 출발점은 (1) 특정한 종류의 병, (2) 병의 원인을 찾는 것, (3) 다음으로 그 원인을 제거함으로써 병을 치료하고자 시도하는 것, (4) 이것을 이루기 위해 특정한 치료를 하는 것이다.

이와 유사하게 붓다는 이제 4성제를 설한다. 이것이 『초전법륜경』의 네 번째 단계다. 4성제는 다음과 같다.

1. 고통(dukkha)

19 정확한 어법에 관련된 문제가 최근 K. R. 노만에 의해 검토되었다: "The Four Noble Truths: A Problem of Pāl Syntax", *Indological and Buddhist Studies*(Festschrift de Jong), Canberra, 1982, 377-391.

2. 고통의 기원(dukkhasamudaya)

3. 고통의 소멸(dukkhanirodha)

4. 고통의 소멸로 이끄는 길(dukkhanirodhagāminī paṭipadā)

『초전법륜경』 자체에 이 4제의 의미가 어느 정도 설명되어 있다.

고통이라는 성스러운 진리는 다음과 같이 설명된다. '태어나는 것은 고통이고, 늙는 것은 고통이고, 병드는 것은 고통이고, 죽는 것은 고통이고, 즐겁지 않은 사람 및 사물과 만나는 것은 고통이고, 즐거운 사람 및 사물과 헤어지는 것은 고통이고, 원하는 것을 얻지 못하는 것은 고통이다.'[20]

고통의 기원[=원인]이라는 성스러운 진리는 다음과 같이 설명된다. '재생으로 이끌고, 즐거움과 욕망과 결합하고, 여기저기에서 즐거움을 찾는 것이 바로 갈애(P. taṇhā, S. tṛṣṇā)[21]다.'[22]

……………

20 이러한 설명의 마지막에 '요약하면, 집착의 대상인 다섯 구성요소는 고통'이라는 문장이 있다. 그러나 이것은 실질적으로 고통스러운 사실을 앞서 열거한 것과 전적으로 어울리는 것은 아니고 고통(=불만족성)에 대한 다른 해석으로부터 후대에 가필한 것일 것이다. 식별적 통찰에 관해서는 제9장 참조.

21 탕하(taṇhā)라는 단어는 때로는 '갈망'으로 번역할 수 있다. 예를 들어 DN III p.85(D. Franke, Dīghanikāya, Göttingen 1913 277 참조).

22 팔리어본에서만 '즉 욕망의 대상에 대한 갈애(kāma-taṇhā), 생존에 대한 갈애(bhava-taṇhā), 소멸에 대한 갈애(vibhava-taṇhā)다' 하는 문장이 뒤따라온다.
팔리어본에서 갈애가 상술될 때, 보통 이 세 가지 형태로 나타난다(예를 들어 MN I p.49.1; 299, 20; III p.250, 34; DN II p61과 308; SN III p.26).
첫 두 형태의 갈애는 3루 중 욕루(欲漏, kāmāsava)와 유루(有漏, bhavāsava)에 대응하고(제8장 참조), DN III p.254의 7수면(anusaya) 중 욕탐(欲貪, kāmarāga)와 유탐(有貪, bhavarāga)에 대응한다. 그러나 세 번째인 소멸에 대한 갈애와 대응하는 것은 3루와 7수면에는 발견되지 않는다. 이러한 분류의 기원으로 가능성 있는 것에 대해 T. 페터의 "Some Remarks on older parts of the Suttanipāta"(근간)에서 논의된다. 이 책의 부록 참조.

고통의 소멸이라는 성스러운 진리는 다음과 같이 설명된다. "완전한 이탐, (이 갈애를) 포기하는 것, 거부하는 것, 풀려나는 것, (이 갈애를) 붙잡고 있지 않는 것을 통해 이 갈애를 소멸하는 것이다."

고통의 소멸로 이끄는 길(paṭipadā)이라는 성스러운 진리는 다음과 같이 설명된다. "그것은 성스러운 8정도(magga)다." 그리고 앞 장에서 설명한 '바른 견해' 등의 개념이 뒤따른다.

고통의 소멸로 이끄는 길(paṭipadā)이 8정도(magga)로 설명된다. 고통을 소멸하기 위한 이 수단은 다만 마지막 부분에 언급되는 것일 뿐이고, 결과가 아니라는 사실에 유의해야 한다.

또한 (세 번째 단계에서) 결과가 매우 간단하고 전적으로 부정적인 방식으로 서술된다는 것도 주목할 만하다. 틀림없이 최초에 사용되었을(2장 참조) 불사(amata)라는 단어는 아마도 구제된 상태에 대한 긍정적인 표현의 가능성을 암시하거나 적어도 그럴 가능성을 남기고 있다. 이런 가능성은 '갈애의 소멸을 통한 고통의 소멸'이라는 표현에서는 더 이상 적용되지 않는다. 이 표현은 결코 다시 태어나지 않는다고 하는 보이지 않는 결과에 대한 점증하는 관심을 가리

....

설일체유부, 적어도 후기의 설일체유부는 소멸에 대한 갈애(vibhava-tṛṣṇā)라는 개념을 역시 알고 있었다. 『구사론』 V, 11a; 주석은 그것을 '소멸에 대한 갈애'와 대응하는 것으로 보이는 '무상(aniyatā)에 대한 갈애'라고 설명한다.

『양평석(Pramāṇavārttika)』의 「양성립(Pramāṇasiddhi)」 장에서 다르마키르티(Dharmakīrti)는 갈애에 대한 고대의 분류인 유애(bhava-), 욕애(kāma-), 무유애(vibhava-icchā)를 언급한다.

인도네시아에서 무유에 대한 갈애(vibhava-tṛṣṇā)가 비문에서 한번 나타난다. Prasasta Indonesia II, Selected Inscriptions from the 7th to the 9th Century A. S. by J. G. de 카스파리스(Casparis), Bandung 1956, 111과 133(vibhava는 '힘(power)'으로 번역되어 있다: A. L. Basham, The Wonder that was India, London 1954, reprint 1961, 269와 비교하라)을 보라.

키는 것이다.

때때로 열반(S. nirvāṇa, P. nibbāna 소진된, 불이 꺼진)이라는 개념이 세 번째 진리를 설명하기 위해 사용된다. 그것은 첫 번째 설법의 두 번째 부분에(앞 장 참조) 나타난 여섯 동의어 중 여섯 번째로 나타난다. 그것은 아마 후대에 부가된 것일 것이다. 그것이 처음 사용되었을 때는, 개념이라기보다는 비유적 표현이었던 것으로 보인다. 그 개념의 정의는 거의 발견되지 않기 때문이다. 비유적 표현으로서는 마치 꺼진 불과 같이 갈애나 잘못된 태도가 소멸한 것이라는 의미를 전달한다. 숫타니파타 1109는 이 개념을 세 번째 진리에 최초로 적용한 것 중 하나로 간주될 수 있다. 샤리푸트라가 열반은 탐, 진, 치의 파괴라고 말한 것(SN 38,1)도 자주 인용된다. 열반의 두 번째 의미는 재생의 소멸이다. 예를 들어 숫타니파타 1094에는 "노사의 파괴를 나는 열반이라 부른다"라고 하고 있다. 열반의 첫 번째 의미가 항상 순전히 부정적인 의미를 포함하고 있는 것은 아니다. 이것은 숫타니파타(1086-87)의 두 게송에 나타난다.

> 헤마카여, 그대가 즐거움의 대상을 구하려는 욕망을 완전히 내쫓는다면, 그때 이것은 영원한 열반의 상태다(nibbānapadam accutaṃ). 이것을 인식한 사람들은 이미 현세에서 열반하였고(diṭṭhadhammābhinibbuta), 영원히 휴식한다. 그들은 이 세상에 대한 집착을 극복했다.

아마도 인격을 다섯 구성요소로 분석하는 것이 도입된 이후(9장 참조), 열반의 두 의미를 다음과 같이 구별했을 것이다. 첫째는 소유물을 구성하는 잔존물(P. upādi, S. upadhi)[즉 구성요소들과 다른 사물들]이 남아 있는 열반이고 둘째는 이러한 잔존물이 없는 열반이다.[23]

....

23 이 모든 것을 요약하려는 시도가 『여시어(Itivuttaka)』(2.17) 「열반계경(Nibbānadhātusutta)」(Ivu 38, 4-39, 7)의 산문 문장에 나타난다. 거기에서는 두 가지 열반, 곧 유여의(sa-upādisesa)열반과 무여의(nir-upādisesa)열반이 나타난다. 유여의열반은 2장 주8에서 언급한 아라한의 정형구와 함께 서술된다. 이 문장에서는 아라한이 여전히 어떤 것을 지각하지만 더 이상 탐진치에 속박되지 않는다고 한다. 아라한의 정형구는 무여의열반에 대한 설명에서도 나타난다. 그리고 거기에 모든 느낌의 소멸이 추가된다. 『숫타니파타』 「두 가지 관찰경Dvayatānupassanāsutta」(Sn 140, 14-15)의 도입부 산문에서 다음과 같은 문장이 나타나는 것에 유의해야 한다. diṭṭhe va dhamme aññā, sati vā upādisese anāgāmitā. 여기에서 우파디(upādi)는 '소유물'이라는 (아마도 오래된) 의미를 갖는다. 이 우파디의 잔존물은 죽음 이후에 즉각 열반에 들어가는 것을 방해한다.

/ 5 /

붓다의 완전한 정각

『초전법륜경』의 마지막인 다섯 번째 부분은 붓다의 완전한 정각(모든 판본에 나타나는 것은 아니지만, 붓다의 해탈)에 대한 기록이다. 팔리어 율장에서(그리고 화지부의 『오분율』과 법장부의 『사분율』에서도, A. 바로, *Recherches* 1963, 174-177 참조), 이 부분의 시작은 다음과 같이 요약할 수 있다.

> 그리하여 붓다는 설한다. 나는 이제까지 알려지지 않았던 고통이라는 성스러운 진리를 발견하였다. 나는 이 성스러운 진리가 완전히 이해되어야 한다는 것을 발견하였다. 그리고 나는 이 성스러운 진리가 완전히 이해되었다는 것을 발견했다. 나는 이제까지 알려지지 않았던 고통의 기원이라는 성스러운 진리를 발견하였다. 나는 이 성스러운 진리가 끊어져야 한다는 것을 발견하였다. 그리고 나는 이 성스러운 진리가 끊어졌다는 것을 발견하였다. 나는 이제까지 알려지지 않았던 고통의 소멸이라는 성스러운 진리를 발견하였다. 나는 이 성스러운 진리가 실현되어야 한다는 것을 발견하였다. 그리고 나는

이 성스러운 진리가 실현되었다는 것을 발견하였다. 나는 이제까지 알려지지 않았던 고통의 소멸로 가는 길이라는 성스러운 진리를 발견하였다. 나는 이 성스러운 진리가 실천되어야 한다는 것을 발견하였다. 그리고 나는 이 성스러운 진리가 실천되었다는 것을 발견하였다.

『마하바스투(Mahāvastu)』, 『랄리타비스타라(Lalitavistara)』 그리고 「파승사(Saṅghabhedavastu(=SBV))」에서는 같은 문제가 다르게 배열되어 있다.

그리하여 붓다는 설한다. 나는 이제까지 알려지지 않았던 [네 가지 성스러운 진리인(SBV에만 나타남)] 고통, 고통의 기원, 고통의 소멸 그리고 고통의 소멸로 가는 길을 발견하였다. 게다가 나는 [내가(SBV에만 나타남)] 고통을 완전히 이해하고, 고통의 기원을 끊고, 고통의 소멸을 실현하고, 고통의 소멸로 가는 길을 실천해야 한다는 것을 발견하였다. 마침내 나는 [내가] 고통[이라는 진리]를 완전히 이해하고 고통의 기원을 포기하고, 고통의 소멸을 실현하고, 그 길을 실천했다는 것을 발견하였다.

팔리어 율장에서 이 부분의 끝은 다음과 같이 요약할 수 있다.

내가 4성제 각각을 이 세 가지 방식으로 보기 전에는 능가할 수 없는, 완전한 정각에 도달했다(anuttaraṃ sammāsambodhiṃ abhisambuddho)

고 말할 수 없었고, 이제 비로소 내 마음의 해탈은 동요하지 않고 (akuppā me cetovimutti), 이것이 마지막 생이며(ayam antimā jāti), 더 이상 재생은 없다(natthi dāni punabbhavo)는 것을 알았다.

다른 모든 판본은 능가할 수 없는, 완전한 정각(혹은 그와 동등한 표현)을 언급하지만 화지부의 『오분율』과 법장부의 『사분율』은 해탈에 관해서는 언급하지 않는다. 『마하바스투』, 『랄리타비스타라』 그리고 「파승사」는 해탈에 관해서 언급하지만 「파승사」는 그것을 동요하지 않는다고 하지 않는다. 여러 판본을 비교해볼 때, 이 마지막 부분에 나타난 '…동요하지 않고'라는 표현의 신빙성은 의심스럽다. 게다가 이 부분에 언급된 결과를 붓다가 이미 획득하지 않았을 것 같지는 않다.[24] 붓다가 완전한 평정과 자각 상태에 도달한 후에 해탈했음을 느꼈다고 가정하면, 4성제를 그런 방식으로 발견한 후에야 해탈했음을 느꼈다고는 추정할 수 없다. 그러나 본래의 자료가 해탈 상태의 확실성에 대한 (더 이론적인) 암시를 포함하고 있었을 가능성조차 배제할 수는 없다. 그러한 암시를 포함한(혹은 포함하지 않은) 나머지 부분(아마도 덜 조직화된)은 다음과 같은 방식으로 이해할 수 있을 것이다.

붓다는 5비구들에게, 자신이 4성제라는 구조를 발견하지 못하고, 그 실천적인 함의를 인식하지 못하고, (다른 사람들의 기준이 되는) 자신의 경우에 거

24 '동요하지 않는…' 등의 정형구는 MN 26에도 나타난다. 그러나 그것은 4성제의 발견과는 연관되어 있지 않고, 다만 여러 가지 고통의 극복과 관련하여 언급되어 있다. 그것은 처음에는(I p.167) 붓다에 의해 사용되었고, (제2장에서 지적한 집중적인 지도 이후에) 나중에는(I p.173) 다섯 제자들에 의해 사용되었다.

기에 함축된 모든 것이 이미 행해졌음을 확신하지 않았다면, 모든(이론적) 의심을 넘어서서 완전히 깨닫지 못하고 해탈하지 못하고 실천적 함의를 인식하지 못했을 것이라고 회고적으로 설했다. 다시 말하면 그는 4성제를 발견한 후에 초기의 정각 개념을 수정하였다. 처음으로 해탈을 경험하고 다른 사람을 돕기 위한 길을 개발한 후에야, 그는 이 길을 통해 도달할 수 있는 보이지 않는 결과에 대해 자기 자신과 다른 사람을 확신시킬 필요를 느꼈을 가능성이 있다. 4제를 발견한 이후에야 그는 필요한 모든 것을 발견했다는 것을 완전히 확신할 수 있었다(제자들에게 그렇게 가르칠 수 있었다). 왜냐하면 4성제는, 지금까지 깨닫고 실천된 것을 배열하는 것 외에, 갈애가 재생의 원인이라는 새로운 요소를 포함하고 있기 때문이다. 그러므로 특정한 마음 상태에 도달한 후 해탈했다고 느끼면서 이제 왜 그렇게 느꼈는가 하는 이유도 알게 되었다. 이 상태에서 그는 갈애를 극복했다.

이(다섯 번째) 부분에 나타나는 '능가할 수 없는 완전한 정각'이라는 표현과 관련하여 첫 부분의 모든 판본을 비교했을 때, 다섯 사문과 첫 만남에서 아마 붓다는 자신을 여래라고만 부른 것을 암시한다고 볼 수 있다. 팔리어본과(그리고 MN I p. 172)『랄리비스타라』(화지부의『오분율』과 법장부의『사분율』에서 해당하는 부분과 함께)에 나타난 정등각자라는 이명도 사용했을 가능성이 있다.[25] 그러나 이것은 다섯 번째 부분에 나타나는 '능가할 수 없는 완전한 정각

……………

25 위에서 언급한 정각(sammāsambuddha) 외에 팔리어본의 두 번째 부분에서(『마하바스투』의 대응하는 문장에서도) majjhimā paṭipadā tathāgatena abhisambuddhā라는 문장이 나타난다. 붓다가 '보다(bodha)' 혹은 '삼보다(sambodha)'를 찾았고 그가 '보다' 혹은 '삼보다'로 가는 길을 발견했다고 선언한 것은 MN 36(1장에서 인용한 문장)과 '첫 설법'의 두 번째 부분에도 나타난다(삼보다는 중도

을 이루다(anuttaraṃ sammāsambodhiṃ abhisambuddho)'라는 개념만큼 의미심장하지는 않을 것이다. 이 개념은 다른 모든 판본에서도 나타난다. 이 기록이 가리키는 마지막 이론적 의심까지 제거한다는 관념은 이것이 순수하게 이론적인 방식으로 행해졌다는 것을 함축하지는 않는다. 이 자료는 직관을 지시하는 단어들(그리고 위의 요약에서 언급하지 않은 동의어들)을 채택하고 있다(어쨌든 외부적인 자극[26]과 어떤 영향을 전적으로 배제하는 것은 아니다). 만약 붓다가 중도를 발견한 것과 그가 처음 경험한 것이 정각(an enlightenment)이라고 불렸다면, 다섯 번째 부분에 서술된 것은 두 번째 정각이라고 하거나 혹은 첫 번째 경험에 대한, 부분적으로는 직관적인, 해설이라고 부를 수 있을 것이다.[27]

붓다가 4제의 발견을 통해 처음으로 해탈을 경험했을 것 같지는 않다. 그러나 정려도의 이론가들에게 이 해석이 제시되고, 이 길의 정점에서 4제를 인식해야 한다고 선언하게 한 것으로 보인다. 거의 틀림없이 이렇게 발전하게 된 이유는 지식이나 진리를 통해서만 해탈한다고 요구하는 비불교적 정신환경 때

....

의 결과를 서술한 동의어 중 하나다). 『랄리타바스타라』에서는 첫 부분과 대응하는 문장은 다음과 같다. "나는 불사와 불사로 가는 길을 실현하였다(amṛtam mayā sākṣatkṛto[sic] 'mṛtagāmī ca mārgaḥ), 나는 각자(buddha), 전지자…."

26 서론의 주5 참조.

27 "내가… 전에는, 완전한 정각에 도달했다고 말할 수 없었고, (그리고 내 마음의 해탈은 동요하지 않는다… 는 것 등을 알았다)"는 정형구는 틀림없이 여기서 논의된 설명 중 한 부분으로 (그리고 거기에 부가된 것으로) 처음 사용된 듯하다. 그것은 또한 정전의 다른 부분에서 다른 내용과 함께 발견된다. 나는 이 부분의 취지를 신빙성 있는 것으로 간주할 수 없다. 특히 AN 8.7.4(IV p.304, 22-305, 5)는 이 정형구를 피상적으로 사용한 두드러진 예로 보인다. 그 내용은 다음과 같다(요약). "모든 천신들에 대한 나의 인식이 완전히 순수해지기 전에는 내가 능가할 수 없는, 완전한 깨달음에 도달했다고 말할 수 없었다. (그 인식이 발생한 후에야 비로소) 나는 내 마음의 해탈이 움직일 수 없고, 이것이 마지막 생이며, 더 이상의 재생은 없다는 것을 알았다." 그러나 나는 어떤 교리는 붓다의 부가적인 직관으로 해석될 수 있다는 것을 배제하지 않는다.

문이었을 것이다. 이러한 요구는 식별적 통찰이라는 불교적 방법에 의해 강화되었을 것이다. 그 식별적 통찰의 방법이 그동안 완전히 확립되면서 (비불교적 정신환경의) 개념들을 사용하였고 그러기에 이러한 요구를 따랐을 것으로 보인다. 그 요구에 부응하기 위해 정려도의 이론가들은 위에서 언급한 자료에 근거를 두었을 것이다. 그러나 그것은 정교화한 정려도에 완전히 적합하지 않다. 이 길은 명백히 4제를 인식하기 전에 어떤 실천을 예비과정으로 둔다. 그러나 팔리어본의 다섯 번째 부분의 마지막 문장에 따르면, 붓다는 4제를 발견한 후에 해탈했다. 여기서는 네 번째 진리는 이전에 알려지지 않았고 따라서 실천될 수 없었다.

/ 6 /

정려도의 자세한 서술에 나타난 정려의 예비과정

정전의 여러 곳에서[28] 구원에 이르는 정려도의 자세한 서술이 나타나 있다. 그것은 내용상의 풍부함에서뿐 아니라 새로운 요소의 부가라는 점에서(그 모든 것이 모든 곳에 나타나지는 않지만) 8정도와는 차이가 있다. 이 새로운 요소 중 어떤 것들은 다음 장에서 논의될 것이다. 이 장에서는 8정도와 상응하는 것으로 나타나는 요소들을 다루고자 한다. 이들 요소는 이미 8정도를 해명하는 데 필수적인 것이었다. 나는 완전한 해석을 위해 노력하지는 않을 것이지만, 좀 더 자세히 살펴보고자 한다. 나는 정려에 도달하기 위한 방법이 피상적인 것도 아니고 인위적인 것도 아니라는 점, 따라서 정려는 심오한 실존적 경험이라는 점을 특히 강조할 것이다.

이렇게 정교화한 해탈도의 시작은 다음과 같다(요약).

28 예를 들어 MN 27, 38, 39 그리고 112; 프라우발너, 1953, 162ff. 슈미트하우젠, 1981, p.204 주15를 보라.

여래, 아라한, 정등각자가 … 세상에 나타난다 … 그는 세간 사람들에게 … 스스로 경험하고 실현한 (것에 관하여) 가르친다. 그는 법(교리)을 가르친다 … 가장 혹은 가장의 아들이 이 법을 들었다 … 이 법을 듣고 난 후 여래에 대해 신뢰(saddhā)를 가진다. 이 신뢰를 갖추고 그는 생각한다. '… 가정에 머물러서는 완전함과 순수함과 … 종교적 삶(brahmacariya)에 도달하기 어렵다. 이제 머리카락과 턱수염을 깎고, 노란 법복을 입고 출가를 위해 가정을 떠나자.' 그리고 적거나 많은 재산, 작거나 큰 가족을 버리고, 머리카락과 턱수염을 깎고 노란 법복을 입고 출가를 위해 집을 떠난다(agārasmā anagāriyaṃ pabbajati).

이 문장은 다음과 같은 개념들로 요약할 수 있다. 붓다에 대한 신뢰, 배운 것을 실천하고자 하는 바람, 가족과 재산을 버리고 사문이 되려는 근본적인 결심 등이다. 앞서 나는 이 문장을 8정도의 첫 두 단계를 설명하기 위해 사용했다. 형식(여래는 붓다의 명호일 뿐이다)과 내용(여래에 대한 신뢰만 언급되고, 바른 견해라는 관점에서 개연성을 가지는, 내생과 행위의 과보에 대해서는 언급되지 않는다)에서 이 문장은 발전의 흔적을 보여준다.

그러나 다음 문장은 아마 매우 오래된 가르침을 반영하는 듯하다. 그것은 다음 사항을 포함한다. 만약 가정을 포기하면 그때는,

1. 육체적 행위와 말에 관련된 금욕적 규칙(P. sīla, S. śīla)을 따라야 한다.
2. 감각적 느낌과 (감각적) 인상이 그를 압도하지 않도록 주의해야 한다

(indriyasaṃvara, '감관의 통제').

3. 모든 행위에 완전히 주의를 집중하면서 행하도록 노력해야 한다(P. sati, S. smṛti).

4. 명상하기 좋은 한적한 장소를 규칙적으로 찾아야 한다.

자료는 이 네 가지 사항에 대해 다음과 같이 설명한다.

1번의 금욕적 행위와 관련하여 가장 중요한 것은 8정도의 길 중 '바른 말'과 '바른 행위' 항목에서 이미 지적되었다. 그러나 순서는 다르다.

> 죽이(거나 해치)지 말아야 한다.
>
> 주어지지 않은 것을 가지지 말아야 한다.
>
> 성행위를 하지 말아야 한다.
>
> 거짓말하지 말아야 한다.
>
> 무례하지 말아야 한다.
>
> 불화를 야기하는 이야기를 하지 말아야 한다.
>
> 쓸데없는 이야기를 하지 말아야 한다.

이 가르침들은 부분적으로는 자이나교를 세운 집단에 이미 널리 보급된 것이었다. 그러나 자이나교에서는 다른 기능도 한다. 영혼에 유입되는 미세한 먼지를 일으킨다고 생각되는 행위(karma)를 피하는 것이다. 붓다는 이 가르침을 다른 어떤 것, 더 직접적 목적인, 비감각적 즐거움의 실현에 적용시킨다. 위에서 언급한 기본적인 가르침 외에 승려 생활에 필요한 모든 규칙도 담고 있는

(나는 여기서는 이것을 논의하지 않을 것이다[29]), 금욕적 행위에 관한 이 부분은 "만약 이 성스러운 금욕적 행위를 갖춘다면 결함이 없는 즐거움을 스스로 느낄 것(anavajjasukhaṃ paṭisaṃvedeti)"이라는 구절로 끝난다.

2번의 감관의 통제 부분 끝에 비슷한 설명이 나타난다. "만약 (생각을 포함하여) 감관에 대한 절제력을 갖춘다면 비감각적 즐거움을 스스로 느낄 것이다(abyāsekasukhaṃ paṭisaṃvedeti)." 명백히 이러한 방식으로 첫 단계 정려의 특징인 욕망이 없는 즐거움(제1장 참조)이 형성된다.

3번의 완전한 주의집중 부분(모든 것을 주의 깊게 행하는 것)에서는 즐거움에 관해 아무것도 언급되지 않지만, 여기서는 마지막 단계의 정려의 특징인 자각이 형성된다. 만약 이러한 즐거움과 이러한 자각을 이미 형성했다면 한적한 곳으로 가서 남아 있는 혼란을 제거하고 이 조건들을 완성하도록 노력할 수 있다. 즐거움과 자각의 상태가 되지 않는다면, 한적한 곳으로 가는 것은 소용이 없고 두려움만 일으킬 것이다(MN 4 참조).

금욕적 가르침을 행복감이 발생하는 방식으로 실천하기 위해서는 반드시 아주 긍정적인 태도를 가져야 한다. 이러한 긍정적 태도는 부분적으로는 매일 이러한 행위를 통해 발생하는 즐거움을 명상(dhyāna)으로 전환하는 기회를 가지게 되기 때문에, 그리고 이를 통해 다시 활력을 회복하게 되기 때문에 가능하다.

29 자세한 것은 E. 프라우발너 1953 p.164-165에 나타난다. 나는 3장에서 '바른 생계'에 대한 설명으로 불필요하거나 바른 생계를 방해하는 선물(익히지 않은 음식, 여자와 소녀, 하인과 하녀, 양과 염소, 닭과 돼지, 코끼리, 소, 말 그리고 토지)에 대해서는 생략했다.

금욕적 행위로부터 오는 행복감의 또 다른 토대는, 위에서 언급한 가르침이 자기 자신의 구원에 이르는 수단뿐 아니라 다른 사람의 이익을 증진시키는 수단으로 제시되는 데서도 발견할 수 있다. 이 측면을 증명하기 위해 금욕적 행위에 관한 부분에서 기본적인 가르침에 관련한 몇 문장을 인용할 것이다.

> (이 사람은 붓다에 대한 신뢰를 갖고) 집을 떠난 후 … 그는 더 이상 중생을 해치지 않고, 몽둥이를 가지지 않으며, 무기를 갖지 않고, 겸손하며, 자비심으로 충만하다. 그는 모든 중생의 이익[30]을 늘 생각한다(sabbapāṇabhūtahitānukampī viharati) … 그는 주어지지 않은 것을 취하지 않는다 … 그는 확고부동하고 신뢰할 만하며 (약속을 했다면) 사람들을 실망시키지 않는다 … 여기서 들은 것을 다른 곳에서 말하지 않음으로써 여기 있는 사람들과 다른 곳에 있는 사람들을 멀어지게 하지 않고, 다른 곳에서 들은 것을 여기서 말하지 않음으로써 다른 곳의 사람들과 여기 있는 사람들을 멀어지게 하지 않는다. 이러한 방식으로 그는 멀어지는 사람들을 화합시키고, 화합한 사람들을 확고하게 한다. 화합은 그를 기쁘게 하고 화합은 그를 즐겁게 한다 … 그는 더 이상 거친 말을 하지 않고, 어떤사람도 공격하지 않는 말, 듣기에 즐겁고, 친근하며, 가슴에 와 닿고 겸손하며, 많은 사람에게 기쁨과 즐거움을 주는 말을 한다.

....

30 이익(hita)이라는 단어는 내가 서론(주7)에서 언급한 구원을 위한 개념보다 범위가 더 넓은 것으로 보인다. 곧 그것은 세상의 이익이다. 예를 들면 SN 2.22에서 '자기 자신의 이익(hitam attano)'이라는 말이 쓰이는 것을 볼 수 있다. 그것은 선행이 현세에서 선행을 한 사람에게 되돌아오는 이익의 선행조건이라는 맥락에서 사용된다.

2번의 (생각을 포함하여) 감관을 통제하는 부분도 욕망이 없는 행복감의 창출을 목적으로 한다. 그것은 특히 비구가 탁발을 위해 마을이나 도시를 걸어가는 상황과 관련되어 있다. 이 가르침은 말한다.

만약 비구가 눈으로 형태나 색깔(rūpa)을 보고, 귀로 소리를 듣고, 코로 냄새를 맡고, 혀로 맛을 보고, 몸으로 만져질 수 있는 어떤 것을 느끼고 생각으로 사물(dhamma)을 생각할 때, 주요한 특징에도 사소한 특징에도 집착하지 않는다. 그는 주요한 특징이나 사소한 특징으로부터 물러서는 데 집중한다. 욕망과 낙담이라는 나쁘고 불건전한 상태가 시각 등을 항상 제어하지 못하는 비구에게 유입될 수 있기 때문이다.

일반적으로 비구는 대상 및 그와 상응하는 생각을 방지하기 위해 할 수 있는 것이 거의 없다. 탁발을 할 때, 비구는 마을이나 도시에서 발생하는 자극적인 사건과 번잡한 장소만 피하려고 하지 마을이나 도시 자체를 피하려고는 하지 않는다. 붓다는, 나중에 때때로 그러긴 했지만, 자신을 오두막에 가두고 다른 사람들의 보살핌을 받으려는 생각을 하지 않았다. 틀림없이 붓다는 그러한 방법을 거부했을 것이다. 위에서 말한 방법, 곧 주의 깊은 비구로 하여금 감각적 느낌과 그것에 상응하는 생각에 의해 혼란되지 않도록 하기에 충분한 방법을 가르쳤기 때문에 그것은 불필요했다. 자기 자신에게 집중하기에 필요한 시간보다 더 길게 이러한 느낌과 생각에 머물러서는 안 된다. 만약 주어져 있는 주요한 특징 혹은 사소한 특징에 너무 깊이 관여하면 욕망과 낙담이 발생하는 것을 피할 수 없고 이러한 조건이 다시 사라지기까지는 많은 시간이 걸릴 것이다. 탁발에서 돌아와 명상을 위해 앉았을 때, 대부분의 시간 동안 그것들은 사라지지 않을 것이다. 욕망으로부터 벗어나고 즐거움에 머물 수 있는 조건의 토대는 더 이상 현존하지 않고 명상에 들어가려는 시도는 실패하기 마련이다. 감각적 느낌과 생각들이 단단히 묶여져 있지 않도록 주의한다면, 그때 행복감이 발생한다. 일반적으로는 아주 강력한 감각적 느낌과 생각들을 정복했기 때문이다. 조용한 곳에서 이 행복감은 쉽게 정려로 전환된다.

3번의 완전한 주의집중에서는 오고 가는 것, 뭔가를 보는 것, 주위를 둘러보는 것, 팔다리를 구부리거나 펴는 것 등 모든 행위를 주의 깊게(sati) 하는 정신활동에 관해 언급된다. 그것은 정려의 토대가 된다. 어떤 것도 무의식적으로 해서는 안 되며, 지금 하고 있는 행동에서 마음이 떠나게 해서는 안 된다. 위에서 언급한 감관의 제어를 함께 고려한다면, 비구는 즉각적으로 현재의 느낌을 자각하고 이전의 느낌을 생각하고 있지 않게 된다. 자연발생적인 자각은 이러한 훈련을 통해 발생하는 것으로 보인다. 이 자각은 마지막 두 단계의 정려에서 중심적인 것이다. 세 번째 정려에서는 자각(sata)이라는 개념이 지각(sampajāna)과 함께 사용된다. 네 번째 정려에 대한 서술에서는 자각의 완성(sati-pārisuddhi)이라는 개념이 나타난다.

4번의 한적한 곳을 찾는 것에서는 이러한 준비 과정 후에 어떻게 명상을 위한 한적한 장소를 찾는가에 대해 서술한다. 비구는 아침에 탁발한 음식으로 식사를 마친 후 그러한 장소를 찾아 나선다. 가부좌를 틀고 앉아, 몸을 똑바로 세우고, 팔리어로 '파리무캄 사팀 우팟타페트바(parimukhaṃ satiṃ upaṭṭapetvā)'라고 하는 행위를 한다. 이것은 주의를 좁은 시야에 고정시키는 것을 의미할 것이다.[31]

31 구체적이고 의미심장한 지적이 MN 119에 나타난다: 호흡에 주의를 기울여야 한다.

가장 오래되지는 않았지만 비교적 오래된 가르침에서는 정려에 들어가기 전에 장애(nīvaraṇa)라고 알려진 다섯 가지 상태의 흔적이 있는 것을 보고 그것을 제거해야 한다고 말한다. 이 상태는 1) 탐욕 2) 악의와 분노 3) 무감각과 졸음 4) 들뜸과 불안 5) 동요다. 이들 상태를 억누르는 것은 순전히 부정적인 행위는 아니다. 예를 들어 악의와 분노를 제거할 때는 모든 생명의 안녕을 생각해야 한다고 서술한다.

/ 7 /

4무량

앞 장에서 몇 번 나는 정려 명상의 준비 단계가 가진 이타적인 측면을 지적했다. 이제, 내 견해로는 가장 오래된 층위에 속하지만 이후의 발전 과정에서 주류로부터 밀려난 명상법에 대해 논의하고자 한다. 그것은 어떤 제한도 두지 않고 어떤 생명도 빠뜨리지 않으면서 모든 방향으로 우정, 연민, 기쁨, 평정의 느낌을 확산한다고 하는 무량(appamāṇa)을 가리킨다.

AN 8.7.3에서는 잘 수습된 우정, 연민, 기쁨, 평정의 느낌이 '내 마음의 해탈(me cetovimutti)'이라고 불린다. 거기에서 이 느낌은 나아가 삼매와 동일시되고 계속해서 심사, 숙고, 기쁨, 즐거움 그리고 평정 등 정려 단계와 공통된 마음 상태와 함께 실천된다.[32] 완전한 정각을 선언할 때(5장), 어떤 판본들에서는 붓다

....

32 AN 8.7.3은 다음으로 몸, 느낌, 마음 그리고 (심리적) 속성에 대한 네 가지 주의집중의 적용이 삼매고, 각각 심사, 숙고, 기쁨, 즐거움 그리고 평정과 연결될 수 있다고 서술한다(AN IV p.300, 16-23). 우리에게 전해 내려온(예를 들면 MN 10) 4념처가 이미 식별적 통찰(다섯 구성요소의 관찰)과 해탈적 통찰(4제의 관찰)의 요소와 혼합되고 있다는 것은 사실이다. 그러나 핵심적인 측면에서 그것은 제4정려의 서술에서 언급한 가장 중요한 정려의 두 측면 중 두 번째인 자각(sati)을 반영하거나 적어

가 "내 마음의 해탈은 동요하지 않고(akuppā me cetovimutti), 이것이 마지막 생이며, 더 이상 재생은 없다"고 진술한 것을 기억해보라. 이것은 아마도 그 맥락에서 나타나는 것보다 더 오래된 정형구일 것이다(MN 26 I p.167과 p.173 참조). 4정려에 대한 서술에서와 마찬가지로 마음(ceto, 정신, 정서)이라는 단어가 사용되고 덜 포괄적인 심(citta)이라는 개념은 사용되고 있지 않다. 소유격 '내(me)'도 역시 매우 부주의한 방식으로 사용되지만 교리의 발전에 따라서 이 대명사는 다른 정형구에서는 나타나지 않게 된다. AN 8.7.3에서는 우정, 연민, 기쁨 그리고 평정이 '내 마음의 해탈'로 불린다.[33] 그것들은 '동요하지 않는 것'이라고 불리지 않고, 최종적인 해탈을 실현하기 위해서는 뭔가가 더 첨가되어야 한다고 말할 수 있다. 문제는 이러한 첨가가 보다 높은 강도의 집중으로 이루어졌는가 혹은 이론적인 통찰로 이루어졌는가 하는 점이다.

이 훈련에 대해 가장 자주 사용되는 정형구를 먼저 살펴보자. 그것은 다음과 같다(예를 들어 MN 7).

> 우정으로 가득 찬 마음으로(cetasā), 잠시 동안 한 방향을 가득 채우고, (다음으로) 두 번째, 세 번째, 네 번째, 위와 아래, 자신을 전체와 동일시할 수 있는(sabbattatāya)[34] 모든 곳을 가득 채운다. 잠시 동안

....

도 그것을 준비하는 것이다. 4무량에서는 첫 번째 측면인 평정(upekkhā)이 나타난다. 그것은 4무량의 실천에서 마지막 목표이자 아마도 가장 중요한 목표일 것이다.

33 AN 8.7.3뿐 아니라 DN 13과 33, MN 127과 SN 20.5에도 나타난다. 이 모든 곳에서 심해탈(cetovimutti)이라는 단어는 단독으로 사용되지, 다른 곳에서처럼 혜해탈(paññavimutti, '식별적 통찰에 의한 해탈')이라는 단어가 뒤따르지 않는다. 혜해탈은 다른 방법을 이용한 것이고 또 다른 마음의 해탈을 지시한다(12장의 도입부 설명도 보라).

34 체계적인 관점에서는 모든 곳에 존재하는 상태(sabbatthatāya)가 마음에 더 들었겠지만, 붓다고사

넓고 크고 무한하며 적의가 없고 상처받지 않는, 우정으로 가득한 마음으로 전 세계를 가득 채운다.

이 문장은 세계를 극복하려는 의도는 거의 드러내지 않고 다른 생물에 대한 창조적이고 (무상한) 느낌에 집중되어 있는 것으로 보인다. 이 점에서 나중에 이 훈련이 (무상한) 브라흐마의 세계로 가는 길로 간주되거나(예를 들어 MN 83과 99, 그리고 DN 13), 식별적 통찰이 뒤따를 때만 구원의 길로 간주되었다는 (예를 들어 MN 7 그리고 52, AN 11.2.6) 것은 놀라운 일이 아니다. 그러나 이것은 이 훈련의 가장 오래된 형태는 아닐 것이다. 나는 4정려에 대한 서술도 세계를 극복하려는 명백한 의도를 드러내지는 않는다는 것을 지적하고 싶다. 그러나 내가 앞서 증명하려 했듯이 첫 번째 설법의 첫 부분은 불사의 성취와 정려의 실천을 연결시키고 있다. 얼마 되지 않아 4성제의 교리가 도입되었고, 4성제는 명백히 바른 삼매를 정점으로 하는 길에 의해 미래의 생존을 피할 수 있다고 진술했다. 세계와 고통을 극복하려는 이러한 의도는 정려 단계에서도 잠재적으로 존재한다. 그 단계에서는 붓다(와 그의 첫 제자들)의 노력이 이미 지속적으로 그 목표를 향하고 있었기 때문에 어떤 생각도 발생하지 않는다. 정려의 실천을 위한 지침으로서 사용한 서술은 오직 이 의도를 만족시키는 것이다. 내 견해로는, 4무량에 대한 서술이 정려와는 다른 측면을 강조하는 것은 사실이지만, 특히 AN 8.7.3에서와 같이 정려의 측면과 밀접하게 결합되고 삼매라고 불릴 때는,

(『청정도론』 p.256)도 이렇게 읽는다.

정려의 실천만큼이나 이 의도에 공헌할 수 있는 것이다. 이 삼매는 아마도 8정도의 마지막인 바른 삼매와 같은 것이고, 정형화된 통찰이 뒤따를 필요가 없이 오직 마음을 갈애로부터 해탈시키려는 그 자체의 집중에만 의존하는 것일 것이다. 게다가 평정을 발산하는 것은 제4선의 서술에서 발견되는 순수한 평정, 곧 모든 감정과 갈애도 극복했다는 것과 같은 방향을 가리킨다. 800년이나 후에 실론 불교의 유명한 이론가인 붓다고사는 『청정도론』에서 4무량이 포함된 마흔 가지 명상법을 서술하고 있다는 것을 지적하고 싶다. 4무량은 붓다고사가 묘사한 구원의 길 중 마지막 단계와 직접적인 연관을 갖고 있지는 않다. 붓다고사에 따르면 4무량은 그의 체계에서 경시되지 않는 높은 단계의 정려로 이끄는 마흔 가지 훈련 중 극히 일부분에 속하는 것이다. 『청정도론』 9권에 따르면 우정, 연민, 기쁨의 궁극적인 느낌의 수습은 제3정려로 이끌고 평정의 수습은 제4정려로 이끈다.

/ 8 /

해탈적 통찰과 루(漏)의 파괴

6장과 7장에서는 정려를 위한 예비과정 및 정려와 유사한 다른 형태의 명상에 관해 서술했다. 이 예비과정과 이 명상 형태는 가장 오래된 선언 형태는 아니겠지만, 그와 멀리 떨어진 것은 아니다. 그리고 8정도 시기에 정려 운동이 가졌던 발전 단계와 연결될 수 있다. 이 단계 후에 4성제설이 뒤따르고 그 후 붓다의 정각에 대한 새로운 개념이 뒤따른다. 이 새 개념으로 인해 그 사이에 4성제에 대한 지식 또한 이미 바른 삼매를 정점으로 하는 정교화한 [정려의] 길에 부가된 것으로 보인다. 이제 이 길을 이 지식으로 마무리지어야만 재생으로부터 해탈을 이룰 수 있다고 간주되었다. 이제 비로소 지식만이 최종적 해탈이라고 가정되었기 때문이다. 그러므로 해탈해야 할 것은 어떤 종류의 욕망뿐 아니라 무지도 포함된다. 이 결함들의 결합이 아사바(āsava, S. āsrava)[35]라고 불리게 되었다.

35 루(漏, āsava)라는 단어는 문자적으로는 '유입'을 의미한다. 원래 그것은 자이나교의 개념으로서 영혼으로 흘러들어 영혼의 본래적 능력을 제거하고 재생으로 속박하는 업물질을 가리킨다. 불교에서 루는 은유적인 의미로만 사용된다.

이것은 루(漏), 불완전함 등으로 번역할 수 있을 것이다.

붓다 자신은 4성제의 인식으로 끝나는 정려도를 따르는 것으로 자주 묘사되었다. 그러나 여기에서 4성제는 '첫 설법'의 다섯 번째 부분에서 묘사된 세 가지 방식, 곧 어떤 것이 사성제이며, 그것은 행해져야 하고, 완전히 행해졌다고 하는 방식으로 인식되는 것은 아니다. 여기서는 이 세 가지 방식으로 인식해야 할 이유가 없다. 이것은 처음부터 4성제, 특히 도제가 이미 잘 알려진 어떤 것으로 인정되는 구원을 향한 길이다. 사실 그것은 (정교화되었든 아니든) 근본적인 것이다. 그리고 이제, 새로운 관념에 따르면, 제자들은 그것을 붓다가 정각과 (어떤 판본에서는) 해탈을 발견했던 방식에 포함하기를 요구받는다.

이제 루(漏)는 정형화된 지식에 의해 제거될 것으로 간주되고 이것은 식별적 통찰, 곧 인격을 다섯 구성요소로 분해하고 그것이 자아가 아니라고 확립하는 것에 의해 욕망을 제거하는 것과 상응한다(9장 참조). 4성제설에서 갈애는 지식에 의해 제거되는 것이 아니라 멸제에서 언급되는 바와 같이 '(갈애에 대한) 완전한 분리, 포기, 거부, 벗어남, (갈애를) 더 이상 붙들고 있지 않는 것'에 의해 제거되며 이는 명백히 바른 삼매에 의해 가능한 것이다.

4성제의 발견으로 인해 붓다도 해탈했다고 서술하는 '첫 설법'의 다섯 번째 부분의 어떤 판본에서는 갈애(혹은 욕망, 혹은 루)의 파괴에 대해 아무것도 말하지 않는다. 이제 4제의 인식(또한 '루의 인식')이 루를 파괴하고 따라서 해탈한다고 서술된다. 비록 이러한 종류의 인식이 갈애(와 무지)를 제거하고 해탈을 야기한다고 하는 이 명제가 식별적 통찰의 길의 영향 아래 만들어졌다 하더라도 여기서 언급된 지식이 후대에 때때로 해석되듯이(예를 들어 설일체유부의 현관론), 반드시 식별적 통찰을 특징으로 하는 것은 아니다.

이러한 종류의 지식은 일반적으로 식별적 통찰(paññā, S. prajñā)이 아니라 해탈적 통찰(añña, 이 장의 마지막에 있는 아라한의 정형구를 보라)이라고 불린다. 그럼에도 불구하고 식별적 통찰에 대응하는 동사가 사용된다. 그는 실로 '이것은 고통이다', '이것은 고통의 기원이다', '이것은 고통의 소멸이다', '이것은 고통의 소멸로 가는 길이다' 하는 것을 안다. '안다(pajānāti)'는 전문술어적 개념으로는 식별적 통찰보다는 덜 확립된 용어다. 게다가 어떤 곳에서는(MN 4와 112) 방금 인용된 문장에서 '안다(pajānāti)' 대신 '명확히 인식한다(abhijānāti)'가 사용된다. 더욱이 여기서는 4성제가 아주 간명하게 지적되어 있어서 명백히 식별적 통찰의 영향 아래 고제의 설명에 부가된 '요약하면 집착의 대상인 다섯 구성요소는 고통이다' 하는 문장은 어떤 역할도 하지 않는다. 이 모든 것은 제4정려에서 발생하는 4성제의 인식에 대해서는 '식별적 통찰' 대신에 '해탈적 통찰'이라는 개념이 적용되었을 가능성이 있다. 비록 이것이 문자적(literary) 구성으로 보이지만(개요를 보라), 그럼에도 불구하고 저자는 바른 삼매의 개념과 아주 가까운 어떤 것을 생각했을 것이다.

전승된 자료의 다음 부분에 담긴 내용은, 내 견해로는, 오직 문자적 산물로 간주될 것만을 허용한다. 그러나 그것이 이 부분, 특히 결과에 관한 서술이 살아 있는 전통의 반영으로 여겨질 수 없다는 것을 의미하는 것은 아니다. 위에서 인용한 4성제의 인식 후에, 약간의 개정을 차치하면, 정교화한 구원을 향한 길을 서술하는 모든 부분에서 다음과 같은 문장이 나타난다(6장 주28 참조).

그는 '이것이 루(漏)이다', '이것이 루의 기원이다', '이것이 루의 소멸이다', 그리고 '이것이 루의 소멸로 가는 길이다'라는 것을 안다. 그가 그렇게 알고 그렇게 보았을 때, 그의 마음(citta)은 욕망의 대상(kāma)을 (갈망하는) 루로부터 해탈하고, 그의 마음은 생존(bhava)을 (갈망하는) 루로부터 해탈하고, 그의 마음은 무지로부터 해탈한다. 해탈하자마자 다음과 같은 인식이 발생한다. (마음이) 해탈했다(vimuttasmiṃ vimuttam-iti ñāṇaṃ hoti).[36] 그는 (재)생이 파괴되고, (종교적) 삶이 완성되었으며, 해야 할 일을 다 했고, 이 상태를 넘어선 것은 존재하지 않는다.

여기에서 도에 의해 제거된 것은 갈애만이 아니라 무지도 포함된다. 갈애는 욕망의 대상에 대한 갈애와 생존에 대한 갈애로 세분된다. 더욱이 루[37]의 인식에는 4성제에 대한 묘한 모방도 있다. 마지막에 나타난 구제론적인 정형구는 해탈의 부동성을 말하는 정형구만큼 오래되지는 않았을 것이다(5장 참조). 그러나 그것은 많은 지지를 얻었고, 무엇보다 식별적 통찰의 묘사에서 해탈에 관한 간단한 지적에 관한 설명으로 사용되었다.

루에 무명이 포함되었다는 사실은 다음과 같이 설명할 수 있다. 욕망(과 다른 감정적 요소)에 대립하는 인식을 채택하자마자, 어떤 점에서 그러한 인식을 개연적으로 만들기 위해 무명으로부터 욕망을 도출하고자 노력한다. 인식은 무명을 파괴하고 따라서 욕망도 파괴한다. 이러한 관념이 4성제에 대한 인식

36 이 문장의 변형들에 관한 논의로는 슈미트하우젠, 1981 219-220, 주69를 보라.

37 제7회 세계산스크리트학회의 초기불교 패널에 기고한 논문에서 K. R. 노만은 루라는 개념이 아주 초기에 불교로 편입되었다는 것을 옹호하였다. 그는 정교화된 정려도의 끝에서 불행(misery)에 관한 네 진술은 4성제라고 말해지지 않았고 (따라서) 그것들은 루에 관한 네 진술로 세분될 수 있다고 주장한다(p.3). 그는 불행에 관한 진술이 루에 관해 전개된 평행하지만 부적절한 네 진술로 이끈다고 생각한다.

을 도입한 후 식별적 통찰 운동과 함께 발생했을 것이다. 욕망이 무명에 의존한다는 것은 식별적 통찰의 계통에 속하는 것으로 보이는 '12연기'에 표현되어 있다(10장 참조). 그러나 루(漏)이론에서는 무명이 다른 두 가지 욕망과 나란히 있다. 그것이 포함된 이유는 명확하지 않다. 두 가지 욕망이 이 무명에 의존하는 것이라는 것을 추측할 수 있을 뿐이다. 그러므로 12연기가 아마도 이러한 관념의 기원일 것이다.

4성제를 모방한 루에 대한 네 인식은 설득력이 있다는 인상을 주지 못한다('이것이 루다', '이것이 루의 기원이다' 등). 이것이 실천적 결과를 가졌을 것이라고 보기는 어렵다. 아마 거기에는 4성제와 유비되는 루와 관련하여 교훈적인 효과가 있었을 것이다. 처음에는 (집제에 유비되는) 무명으로부터 (고제에 유비되는) 두 가지 갈애로 구성된 루를 도출하려고 시도했을 것이다. 그 후 이런 방식으로 4성제에 대한 인식이 무명과 루를 (그리고 결론적으로 재생과 고통을) 파괴한다는 것을 보여줄 수 있다. 불행히도 우리에게 전승된 자료에는 루가 무명을 포함하는 세 가지(후대에는 네 가지)로만 나타난다. 무명에서 무명을 도출하는 것은 거의 설득력이 없다.[38]

결론적으로 그 결과의 서술에 관해 논평하고자 한다. 만약 (4성제와 4성제에 유비되는 루를) 그렇게 알고 그렇게 본다면, 그의 마음(cittam)이 3루로부터 해탈하게 된다. 해탈하자마자 '(마음이) 해탈했다'는 등의 인식이 발생한다. 이것은 다시 재생하지 않는다는 것을 확정한 아라한에 대한 가장 일반적인 서술

38 슈미트하우젠, 1981, 205를 보라(MN 9와 AN 6.6.9 참조).

의 출발점이 된다. 앞서 2장 주8에서 인용된 정형구는 아라한이 루를 파괴하였다는 주장과 함께 시작하고 바른(해탈적) 통찰(añña)에 의해 해탈했다는 주장으로 끝난다. 해탈적 통찰(añña)이라는 단어를 사용한 것은 이러한 인식을 식별적 통찰(paññā)과 구분하려는 시도일 것이다.

이제 '갈애' 이전의 연결고리를 살펴보자. 전통적으로 그렇게 간주하듯이 문자적인 설명은 그것들을 갈애에 대한 조건의 연속으로 간주한다. 이것은 무명의 경우에는 설득력이 있다. 무명으로 시작하고 갈애를 포함하고 있는 연쇄와 관련해서, ('바른 삼매'를 통해서) 갈애가 더 이상 고통을 직접 파괴하는 조건이 아니라 무명이 이러한 조건이 되었고, 식별적 통찰 혹은 해탈적 통찰이 구원을 얻는 진정한 수단으로 권고된다는 것을 가정할 수 있다.

Part II 식별적 통찰

/ 9 /

식별적 통찰

율장과 경장에는[1] 정려 명상 외에 갈애와 재생으로부터 해탈을 이루는 가르침, 곧 식별적 통찰[2]의 가르침이 있다.

식별적 통찰이란 우리가 일반적으로 자아나 자아에 속한 것이라고 간주하

....

1 아래에서 논의된 것보다 더 많은 자료에 대해서는 슈미트하우젠, 1981, p.219 주69("… SN에 가장 자주 나타나지만 DN과 AN에는 없는 것으로 보인다") 참조.

2 판냐(paññā)를 이렇게 번역한 것은 영원한 것과 무상한 것, 고통스러운 것과 고통스럽지 않은 것, 자아와 자아가 아닌 것을 식별하는 능력과 정신적 과정을 가리키고자 하기 때문이다. 판냐라는 단어는 더 간단한 구별, 예를 들어 AN 9.1.5에서와 같이 이로운 것(kusala)과 해로운 것(akusala), 결함을 가진 것(sāvajja)과 결함이 없는 것(anavajja)에 관련해서도 채택된다. 『극락의 장엄』(무량수경, Sukhāvatīvyūha)의 비교적 긴 개정본의 35품에 나타난 '식별적 통찰에 의한 구별에 능숙한(prajñāprabhedakuśalās)' 참조. 티벳어로는 '식별적 통찰에 의한 구별에 능숙한(shes rab kyis rab tu dbye ba la mkhas pa)'으로 번역되었다. Sn 881(Sn 1725-8: sandiṭṭhiyā ce pana vīvadātā saṃsuddhapaññā kusalā mutīmā, na tesaṃ koci parihīnapañño, diṭṭhi hi tesam pi tathā samattā)처럼 몇몇(아주 오래된?) 구절에서만 그것은 지혜라는 비교적 일반적 의미를 가진다(「앗타카숫타(Aṭṭhakasutta)」의 열두 번째 부분이나 「앗타카박가(Aṭṭhakavagga)」 전체에서는 여기에서 식별적 통찰이라고 묘사한 것과 상응하는 것은 발견되지 않는다). 율장 I p.11에서는 식별적 통찰(paññā)이 4성제와 관련한 붓다의 정각(5장 참조)에 대한 개념으로서 눈(cakkhu)과 지혜(ñāṇa) 뒤, 명(vijjā)과 광(āloka) 사이에 오지만, Saṅgabhedavastu(ed. Gnoli 1 p.135)의 대응하는 판본에서는 식별적 통찰(prajñā)이 빠져 있다.

는 것에 대해, 자아를 고통스럽지 않은 것으로 이해하는 한, 자아나 자아에 속한 것일 수 없다고 아는 것이다. 이 '비동일성'을 촉진하기 위해 잘못된 동일성의 주된 대상인 인간의 인격이 구성요소로 분해된다. 각 구성요소는 자아일 수 있는가가 고찰되고 자아가 아니라고 판단된다.

어떤 곳에서는 이러한 방법이 성공적으로 수행되기 위해서는 구성요소를 자명한 것으로 고찰하는 어떤 종류의 집중, 곧 삼매가 선행되어야 한다고 제안한다. 이것은 틀림없이 정려 명상을 의미할 것이다. 이것이 함축하는 것은 갈애를 극복하기 위해서는 정려 명상 뒤에 반드시 식별적 통찰이 뒤따라야 한다는 것이다. 정려 명상과 관련해서 이러한 제안은 가장 오래된 가르침을 반영하는 것도 아니고 식별적 통찰에 대한 고전적인 근거(locus classicus) 역할을 하는 것도 아니다. 『무아에 대한 설법(anattapariyāya, 無我相經)』이라는 이름을 가진 율장의 한 부분이(I pp.13-14) 이러한 방법의 조합에 관한 힌트를 준다. 『무아상경』이 『초전법륜』 뒤에 오므로 정려를 전제로 하고 있다고 주장할 수도 있다. 그러나 이 오래된 '첫 설법'의 교의를 진술한 후, 팔리 율장의 편찬자들은 다섯 사문이 그것을 듣고 발생하는 모든 것은 소멸하기 마련이라는 것을 알고(이것이 설법의 내용은 아니다), 비구(곧 불교 승단의 첫 구성원)가 되었다고 전하고 있다. 『근본설일체유부율』에서는 한 제자가 명상이 아니라 4성제에 대한 설명을 듣는 것으로 해탈하게 되었다는 것과 관련되어 있다(Saṅghabhedavastu ed. Gnoli, I p.138). 이것은 '첫 설법'의 내용과 『무아상경』의 내용을 연결시킬 수 있는 어떤 여지도 주지 않는 것이다. 더구나 『초전법륜경』이 아닌 『무아상경』이 베나레스 근처에서 다섯 사문과의 첫 만남에서 우리에게 전해온 형태로 설해진 것 같지는 않다. 또한 정려 명상에 기반해야 한다는 어떤 제안도 없는 식별적 통찰을

가르치는 MN 22와 MN 74와 같은 유명한 경전(아래를 보라)도 있다.[3]

『무아상경』은 이러한 새 방법을 묘사한 근거로 간주될 수 있다. 그것은 다른 곳에서 구성요소(P. khandha, S. skandha)라고 부른, 인격을 구성하는 다섯 요소를 구별한다.

1. (물질적이고) 가시적 형태(rūpam)
2. (즐겁고, 즐겁지 않으며, 중성적인) 느낌(vedanā)
3. 통각(apperception)(saññā)
4. 성향들(dispositions), 유일하게 복수로만 사용(saṅkhārā)
5. 지각(perception)(viññāṇam)[4]

....

3 슈미트하우젠, 1981, p.221 그리고 주71 참조.

4 산스크리트어 동의어는 루팜(rūpam), 베다나(vedanā), 삼즈나(saṃjñā), 삼스카라(saṃskārāḥ) 그리고 비즈냐남(vijñānam)이다. 마지막 세 개념의 번역은 좀 더 논의가 필요하다. 성향들(saṅkhārā)에 관련하여, 어원적으로 그것은 두 가지 측면을 갖는 것으로 보인다. 형성 혹은 준비와 형성된 것 혹은 준비된 것이다. 그것은 아마 다양한 의지 및 이러한 의지를 낳고 실재적인 의지에 의해 유지되고 강화되는 성향들을 가리키는 것으로 보인다. 번역에서는 잠재성의 측면을 선택했다. 이 개념에 대해서는 10장 참조.
통각(saññā)과 지각(viññāṇam)은 함께 고려되어야만 한다. 불행히도 고대의 자료에서는 좋은 설명을 찾을 수 없다. 내 생각에 그것들은 라이프니츠 사상에서의 통각(apperception)과 지각(perception) 혹은 흄의 개념에서 관념(idea)과 인상(impression)이라는 개념과 비슷한 작용과 상호관계를 가진 것으로 보인다. 내가 비즈냐남(viññāṇam)을 지각이라고 번역할 때 (아직 해석되지 않은) 감각 지각 혹은 (색깔이나 소리 등의) 인상을 염두에 둔 것이다. 자주 채택되는 '의식(consciousness)'이라는 단어는 12연기 중 하나의 연결 고리인 빈냐남(viññāṇam)을 해석할 때 다소 부자연스럽다. 거기서 빈냐남은 자궁에서의 첫 순간을 가리키는 것으로 보인다. 그리고 '의식'이 실제로 감각 지각의 의식을 요구한다는 것을 암시하는 것만큼, 이 번역은 오해되기 쉽고 오히려 통각(saññā)에 더 적절할 것이다. 같은 문제가 지각을 해석하는 것으로 간주될 수 있고 자주 통각(saññā)의 번역어로 사용되는 '지각(perception)'에 대해서 같은 문제가 언급될 수 있을 것이다. 그러나 산냐(saññā)를 통각(혹은 관념(ideation: 12장 주67 참조)이라고 번역할 때, 빈냐남을 '지각'으로 번역하는 것이 덜 모호하다. '통각'과 관계되고 대립하는 것과 관련하여 빈냐남을 '지각'이라고 번역하는 것이 아직 해석되지 먼저 『무아상경』은 '가시적 형태' 등을 '무아(anattā)'라고 한다. 만약 그것이 자아라면 고뇌(ābādha)로 이끌지 않고, 가시적 형태 등에 대해 '그러므로 나의 가시적 형태 등이 이렇게 되어야 한다, 이렇게 되지 말아야 한다'(Vinaya I p.13; MN 35 I p.231)고 바랄 수 있을 것이기 때문이다. 구성요소가 자아가 아니라는 것에 대한 이러한 논법은 후대에는 거의 잊혀졌다.

중요하게 된 것은 두 번째 논법이다(Vin. I p.14, cf MN 22 I pp.138-139).

> 어떻게 생각하는가, 비구여. 가시적 형태는 영원한가 무상한가?—무상합니다(anicca), 존자여.—그렇다면 무상한 것은 고통스러운가 즐거운가?—고통스럽습니다(dukkha), 존자여.—그렇다면 무상하고 고통스럽고 변화를 속성으로 하는 것을 '이것은 내 것이다, 이것은 나다, 이것은 내 자아다(eso me attā)'라는 식으로 간주하는 것은 적절한가?—결코 아닙니다, 존자여. (어떻게 생각하는가, 비구여) 느낌은 영원한가 무상한가? … 통각은 영원한가 무상한가? … 성향들은 영원한가 무상한가? 지각은 영원한가 무상한가? 무상합니다, 존자여.—그렇다면 무상한 것은 고통스러운가 즐거운가? 고통스럽습니다, 존자여.—그렇다면 무상하고 고통스럽고 변화를 속성으로 하는 것을 '이것은 내 것이다, 이것은 나다, 이것은 내 자아다' 하고 간주하는 것은 적절한가?—결코 아닙니다, 존자여.

……………

않은 지각이라는 명확한 의미를 가질 수 있다. 통각에 대해서는 슈미트하우젠, 1981, p.214 참조.

여기 사용된 논법은 아래에서 논의할 것이다. 먼저 범주적으로 방법을 제시하고 있는 『무아상경』을 마저 소개하자. 여기서 구성요소는 이미 '자기 자신의' 구성요소를 넘어서 세계의 구성요소가 되어 있다. 『무아상경』은 그 방법의 결과를 소개하는 것으로 끝난다.

> 그러므로 비구들이여 과거, 미래 (혹은) 현재, 내적이든 외적이든, 거칠든 미세하든, 열등하든 우수하든, 먼 것이든 가까운 것이든, 모든 가시적 형태는 바른 식별적 통찰(sammappaññāya)로 다음과 같이 보아야 한다. '이것은 내 것이 아니다, 이것은 내가 아니다, 이것은 내 자아가 아니다.' 어떤 느낌이든 … 어떤 통각이든 … 어떤 성향들이든 … 어떤 지각이든 과거, 미래 (혹은) 현재, 내적이든 외적이든, 거칠든 미세하든, 열등하든 우수하든, 먼 것이든 가까운 것이든 모든 느낌 … 통각 … 성향들 … 지각은 바른 식별적 통찰로 다음과 같이 보아야 한다. '이것은 내 것이 아니다, 이것은 내가 아니다, 이것은 내 자아가 아니다.' 학식 있는 성스러운 제자들이 (가시적 형태 등을) 그런 식으로 볼 때, 그는 가시적 형태에 염증을 느끼고, 느낌에 염증을 느끼고, 통각에 염증을 느끼고, 성향들에 염증을 느끼고 지각에 염증을 느낀다. 염증을 느낀 후 그는 욕망으로부터 벗어난다. 욕망으로부터 벗어남에 의해 그는 해탈한다.[5] 해탈한 자에게 다음과 같은 지식이 일어난다. '(마음이) 해탈했다.' 그는 이해한다. '재

5 다음 구절은 부가된 것이다. 슈미트하우젠, 1981, p.219 주69를 보라.

생은 파괴되었다, 종교적 삶은 완성되었다, 해야 할 일은 다 했다, 이 상태를 넘어선 것은 없다.'

구성요소에 염증을 느끼고 따라서 욕망(곧 갈애)으로부터 벗어나는 것은 후대의 불교도에 의해 주로 위에서 언급한 두 번째 논법과 연결된다. 무상에 대한 자각으로부터 도출되는 '비동일성'이 담긴 이 논법과 관련해서, 핵심 내용에서는 『무아상경』보다 더 오래된 MN 74의 문장과 비교해보자. 이 문장에 따르면(MN I p.500), 네 요소로 구성된 신체를 무상하고, 고통스럽고, 병이고, 종양과 같고, 바늘에 찔린 듯하고, 악이고, 고뇌이고, 소외되고, 소멸하고, 비어 있고(suñña) 자아가 아닌 것으로 보아야 한다. 이 일련의 술어는 신체의 관찰에 한정되어 있다. 신체 이외에 즐겁고, 즐겁지 않고, 중성적인 느낌으로 세분된 느낌만이 약간 다른 술어로 판단된다. 최초에는 (외부세계가 아니라 '자기 자신의') 이 두 구성요소만이 검토되었을 가능성이 있다. 어쨌든 '지각'은 아직 포함되지 않았을 것이다(이 장의 결론적 언급 참조. 10장과 12장 참조).

세 가지 느낌은 신체와 마찬가지로 무상한 것으로 불리지만 다른 술어가 뒤따른다. 곧 만들어진 것(saṅkhata), [조건에] 의존하여 발생한 것(paṭiccasamuppanna), 소실되고, 파괴되고 사라져서 소멸되기 쉬운 것이다. 이 부분 앞에는 신체를 이렇게 서술된 방식으로 관찰할 때, 신체에 대한 갈망을 제거한다고 서술되었다. 그리고 여기서는 다음과 같이 서술한다. '학식 있는 성스러운 제자가 (느낌을) 이런 식으로 관찰할 때, 그는 즐거운 느낌에 염증을 느끼고, 즐겁지 않은 느낌에 염증을 느끼고, 중성적인 느낌에 염증을 느낀다. 염증을 느낀 후 그는 욕망으로부터 벗어난다. 욕망으로부터 벗어남에 의해 그는 해탈한다.'(등등 『무아상경』의 서술과 같다.)

MN 74에 나타난 이 가르침은 유행하는 사문인 디가나카(Dīghanakha)에게 설해지는 것이다. 이 설법의 결론적 언급에 따르면, 디가나카는 이 설명을 충분히 이용하지 않았다. 그는 느낌에 대한 일련의 술어에서 언급된 기본적인 사항, 곧 발생하는 것(항상 조건에 의해 발생하는 것)은 소멸을 속성으로 한다는 것을 취했을 뿐이다. 이것이 결함이 없는 법안이라고 불린다. 그것의 결과는, 사물이 존재한다는 것을 알았을 때, 일견 고정된 사물로 보이는 것의 무상성을 파악할 수 있다는 것이다. 이 경전에 따르면 증거는 단명하는 느낌들의 관찰에서 명백히 비롯하며, 그 관찰에서는 (조건에 의해) 산출된 것과 무상한 것의 관계가 모든 사람에 의해 인식될 수 있다.

이 경전은 또한 디가나카에게 설법할 때 사리풋타가 붓다 뒤에서 붓다에게 부채질을 하면서 서 있었다고 전한다. 붓다가 다양한 사물을 완전히 파악함으로써 그것을 제거할 수 있다는 것을 가르쳤다는 생각이 사리풋타에게 떠올랐다. 그리고 이것에 대해 생각하면서(paṭisañcikkhato)[그러나 순수한 정려에 도달한 것에 의해서는 아니다. 그것은 고요히 앉아 있는 것이 아니라 다른 사람 뒤에 서서 부채질을 하고 있을 때는 불가능한 것이다], 그의 마음이 더 이상 집착이 없이 루(漏)로부터 해탈하게 되었다.[6]

6 사리풋타의 해탈에 관한 묘사에서 '식별적 통찰'이라는 전문술어가 채택되었다. 그는 루(漏)로부터 벗어났다. 이것은 『무아상경』의 끝에 나타난 율장 편집자의 언급과 일치한다. 그러나 MN 74에서든 『무아상경』에서든 식별적 통찰의 방법 자체는 루라는 개념을 포함하고 있지 않다. 두 경전에서 모두 획득된 결과에 관한 두 가지 묘사가 나타난다. 그중에서 두 번째는 원래 정교화한 정려의 길에서 유래한 것으로 보인다(개요를 보라). 그러나 아마도 루라는 개념이 아직 사용되기 전의 초기 단계에 채택한 것일 것이다.

이제『무아상경』으로 되돌아가 두 번째 논법에 집중해보자. 그것은 다섯 구성요소에 대한 세 술어(무상, 고 그리고 자아가 아닌 것[7])로 한정된다. 이들 술어는(MN 74에 보이는 신체에 속한 다른 술어들처럼) 단순한 나열이 아니다. 여기서 첫째는 둘째의 논리적 근거고 둘째는 셋째의 논리적 근거다. 이것은 자명한 것처럼 제시된다. 하지만 이들 단어에 대응하는 서구 언어에 대한 우리의 이해라는 측면에서뿐 아니라 중세 인도어, 곧 산스크리트어에서 이들 개념의 일반적 용법이라는 측면에서도 그것은 자명한 것이 아니다. 많은 사람들은 '자기 자신을' 고통스러운 것으로 경험한다. 고통이 그들로 하여금 '자아'라는 단어를 사용하지 못하게 한 것은 아니다. 그리고 많은 사람들이 무상하다고 알고 있는 것들을 즐긴다. 무상한 것을 아는 것이 그들로 하여금 그것들이 즐거운 것이라고 부르지 못하게 한 것은 아니다.

그러나 '자아'가 우파니샤드의 문장에서 알려졌듯이 존재론적으로 취해질 때, 고통과 '자아가 아닌 것'의 연결이 이해될 수 있다. 이것은 역사적인 언급이지 그러한 방법이 고통스럽지 않은 자아가 존재한다는 믿음을 전제로 하는 것이라고 말하는 것은 아니다. 불교 경전은 '자아'를 오직 '고통스러운 것은 자아일 수 없다'는 부정적인 정형구로만 사용한다(경전에서는 '이것이 내 자아일 수 있는가' 하고 묻고 '이것은 내 자아가 아니다' 하고 대답한다).[8] 다른 한편,

……………

7 더 정확하게는 내 것이 아니고 내가 아니며 내 자아가 아닌 것이지(첫 번째 논법처럼) 내가 아닌 것이 아니다(다음 주를 보라).

8 첫 번째 논법에서 가시적 형태(rūpam) 등은 자아가 아닌 것(non-self)이라고 불린다. 이것을 두 번째 논법과 비교할 때, 초기에는 이것이 단순히 가시적 형태 등이 (내) 자아가 아니라는 것만을 의미했다고 확신할 수 있다. 이것은 중기 인도어와 산스크리트어에서 일어나는 경우 중 하나일 것이다. 곧 술어가 부정을 흡수하여 문장이 뭔가를 주장하는 것처럼 보이지만 사실은 그렇지 않은 경우다.

이 부정적인 정형구는 다만 우리가 고통스러운 운명이라고 말하는 것 이상을 의미한다. 이것을 말하기 위해 불교 경전은 자아라는 단어를 전적으로 고통스럽지 않은 것과 결합시키면서 일상적인 용법과는 다른 의미로 채택한다.

그러므로 우리는 우파니샤드의 문장에 의한 혹은 이 방법과 이들 문장에 공통적인 배경에 의한 영향을 상정할 수 있다. 그 문장들에 대한 가장 좋은 예는 브리하드아란야카 우파니샤드 III 7일 것이다. 거기에서 야갸발키야는 불멸이고 모든 요소와 감관을 내부에서 지배하면서 결코 이들 요소와 감관의 대상이 되지 않는 자아(ātman)에 대해 이야기한다. 마지막에 그는 말한다. "[자아] 이외의 것은 고통스럽다(ārta)." 이 마지막 문장 혹은 비슷한 주장이 고통과 자아가 아닌 것을 연결시키는 전형이 될 수 있을 것이다.

만약 구성요소를 자아가 아닌 것으로 분리하기 위해 고통은 자아가 아니라는 것을 함축한다는 기준에 의해 인도된다면, 구성요소가 필연적으로 고통을 일으키거나 그 자체가 고통이라는 것 또한 확신해야 할 것이다. 『무아상경』에서 첫 번째 논법에서 사용된 첫 번째 주장('필연적으로 고통을 야기한다')은 고성제와 연결시킬 때 설득력이 있다. 그렇다면 다섯 구성요소는 생존을 위한 조건으로 파악할 수 있다. 두 번째 주장('구성요소들은 그 자체로 고통이다')은

....

Saṅghabhedavastu(ed. 그놀리 I p.138)에서 "rūpam bhikṣavo nātmā"라고 했지만 나중에는 "rūpam anātmā"라고 한 것을 참조.

안아트마(anātmā)라는 개념을 사용한 모든 중요한 문장이 J. 페레-레몽(Pérez-Remón)의 철저한 연구인 *Self and non-self in early Buddhism*(The Hague-Paris-New York, Mouton Publishers, 1980)의 11장에 나타난다. 이들 문장 중 어떤 곳에서는 무아(anattā)라는 개념이 다소 완고하게 채택되었다는 것을 부정하지는 않지만, 내 견해로는 이것은 가장 짧은 개념을 사용하는 것의 발전을 지시하는 것이지 페레-레몽이 생각하듯이 실체적인 자아를 가정해야 하는 실체적인 무아의 수용을 지시하는 것은 아니다.

자명하지 않고 약간의 존재론적 사고도 함축하고 있는 것으로 보인다. 구성요소들이 무상하기 때문에 고통스럽다고 주장한다. 이것은 영원성이나 항상성에 대한 바람을 만족시켜주지 못한다는 의미에서 고통(dukkha)이 즐겁지 않은 것이라고 이해할 때 설득력을 가진다. 이런 바람은 모든 사람에게 있을 수 있지만, 구원의 길에서 활성화되고 사용되기 위해서는 그것을 단순한 좌절감으로 만들지 않기 위한 약간의 정신적인 배경이 필요할 것으로 보인다. 만약 사물의 본성에서 변화를 기대하는 것에 의해서가 아니라 영원한 사물과 동일시를 포기하는 것에 의해 문제로부터 벗어나는 길을 안다고 생각한다면, 무상과 불만족성에 강조점을 둘 수 있을 것이라고 가정할 수 있다. 불교 교리에서는 '고통'의 다른 의미, 곧 고통과 불만족성을 구별해야 한다는 것을 충분히 자각했다.[9] 그러나 이들 의미들 또한 상호간에 결합되어 있다. 따라서 고성제는 단순히 생, 노 등에 의해서만이 아니라 명백히 후대에 부가된 구성요소들에 의해서도 설명되었다는 것을 받아들일 수 있다.

후대에 『무아상경』이라고 불린 문장을 제시한 후 팔리 율장의 편찬자들은, 붓다가 설법하는 동안 비구가 된 다섯 사문들의 마음은 완전히('더 이상의 집착이 없이') '루(āsava)'로부터 해탈했다(Saṅghbhedavastu ed. Gnoli p.139)고 서술한다(I p.14). 『무아상경』 자체에서 우리는 이미 '루'로부터 해탈이 아니지만 해탈에 관련한 한 문장을 발견했다(사실, 두 문장이다).

이 모든 진술들은 편집 당시에도 이 방법이 가진 순수한 실천적 목적을 지

9 나중에 세 종류의 고통이 구별되었다. L. 슈미트하우젠, "Zur buddhistischen Lehre von der dreifachen Liedhaftigkeit", *ZDMG* Suppl. III, 2, 1977, 918-931.

적하는 것이다. 구성요소와의 동일성을 제거하고 따라서 욕망으로부터 벗어나 재생하지 않음을 확신하기 위해 그것을 사용하도록 권유된다. 여기뿐 아니라 이 방법을 서술하는 율장과 경장의 다른 부분에서도 대개 구성요소를 분리하는 데 사용된 기준인 고통스럽지 않은 자아의 존재나 비존재에 관한 이론적인 토론은 나타나지 않는다.[10] 그것은 극소수의 장소에서 '자아'에 관한 질문이 붓다에게 제기되었지만 붓다가 대답을 거부한 것과 관련되어 있다.[11] 그럼에도 불구하고 대부분 학파의 아비달마와 경전 이후의 문헌은 『무아상경』 및 비슷한 곳에서 구성요소가 자아라는 것뿐 아니라 그런 식의 자아의 존재가 부정된다는 결론을 포함하고 있다. 현대 학자들도 또한 이 문제에 관해 견해를 표명해야 할 것으로 느낀다. 그들 대부분은 붓다의 무아 전통을 따르지만 소수는 이 설법에 자아의 존재가 전제되어 있다고 생각한다.

....

10 내 견해로는 페레-레몽은 율장과 경장에서(실론에서 편집된 『파리바라(Parivāra)』와 같은 약간의 자료를 제외하면) 자아의 존재에 대한 부정이 발견되지 않고, 사물이 자아라는 것에 대한 부정만 발견된다는 것을 설득력 있게 보여주었다. 그러나 나는 이 사실과 다른 문장에서 자아(attan)라는 개념의 긍정적인 사용이 반드시 (인격적인) 자아가 실제로 존재한다는 관념을 전제로 하는 것으로 해석되어야 한다는 그의 견해를 따르지 않는다. 만약 붓다와 그의 첫 제자들이 부정(이 경우는 자아의 존재를 부정하지 않는다)을 대립물의 긍정(곧 자아의 존재)으로 해석하도록 하는 배중률에 동의했다고 가정할 경우에만 정당할 수 있을 것이다.

11 예를 들어 「아난다숫타(Ānadasutta)」(SN 44. 10, IV p.400)가 그것이다. 바차곳타(Vacchagotta)가 붓다에게 "자아는 존재합니까" 하고 묻지만 붓다는 침묵한다. 그러자 바차곳타가 "자아는 존재하지 않습니까" 하고 질문하지만 붓다는 다시 침묵한다. 그래서 바차곳타는 떠난다. 이후 경전은 붓다와 아난다의 대화를 서술한다. 그것은 이미 자아의 존재를 부정하는 경향을 보여주는 것으로 해석될 수 있다. 붓다는 자아의 비존재를 가정하는 질문에 동의하지 않는다는 것을 말하는 것으로 묘사된다. 바차곳타를 당황스럽게 할 것을 우려했기 때문이다(만약 붓다가 바차곳타에게 자아가 존재하지 않는다고 진실로 말했다는 가정 아래서). L. 슈미트하우젠(ZMR 1973 p.177 주52)이 제시한 것처럼 우리는 이 대화가 붓다의 침묵에 관한 보고에 대한 후대의 부가라고 간주할 수 있다. 또한 MN 2(I p.8)도 참조하라. 거기에서 붓다는 '내 자아'가 없다는 견해뿐 아니라 '내 자아'가 있다는 견해도 명시적으로 부정한다.

이 문제에 관한 견해를 갖는 것은(그것이 무엇이든) 후대의 불교 전통 및 현대 학자를 고대의 순수하게 실천적인 접근과 구별시킨다. 고대에는 그러한 질문이 정신적 진보를 방해하는 것으로 간주되고 문제를 결정되지 않은 채로 남겨두어도 무방하다고 간주되었다. 그러한 질문을 결정되지 않은 채로 남겨두는 것은 유럽뿐 아니라 인도사상사에서도 현저하게 특징적이다. 그리고 아마 붓다와 관련해서 이야기되듯이 오직 구원만을 얻기를 원한 강한 개성을 가진 사람의 영향으로 설명될 수 있을 것이다. 이 영향은 붓다의 죽음 이후에도 당분간 지속되었을 것이다. 정전의 고층이 자아에 관해 이론화를 하지 않을 뿐 아니라 거의 모든 율장과 경장도 그렇기 때문이다. 다른 한편으로는 강한 정신적 지도의 부재를 감안했을 때 이 방법에 사용된 정형구가 자아의 존재나 비존재에 관한 사변을 불러일으켰다는 것은 당연하다. 구성요소를 분리하는 데 사용된 기준은 우파니샤드의 주장을 알지 않고서는 이해할 수 없다고 생각한다. 그리고 나는 이 방법 외부에서 자주 사용되고 대부분 재귀적이며 긍정적인 '자아(self)'라는 개념의 용법 중에서, 어떤 문장은(변화하지 않는 것이 아니고 고통스럽지 않은 것은 아니지만 본질적으로는 완전하고 번뇌를 제거하게끔 되어 있는) 자아/영혼에 관한 자이나교의 관념을 지시할 수도 있다는 가능성을 배제하지 않는다. 그러나 나는 식별적 통찰의 방법이 자아의 존재나 비존재를 요구하는가 아닌가 하는 무익한 논의를 하지는 않을 것이다. 이 점에 관한 문헌학적 자료가 충분하지 않기 때문이다. 내 견해로 볼 때 이것은 우연이 아니다. 그리고 그것은 순수하게 실천적 목적만을 의도했던 것과 일치하는 것이다.

여기서 나는 대다수 불교 전통이 자아의 비존재 이론을 선택한 사실에 대해 몇 마디 언급하고자 한다. 우리는 이 문제의 시작에 관한 어떤 기록도 갖고 있지 않다. 그러므로 가능한 발전에 관해 말할 수 있는 것은 추측뿐이다. 내게 가장 그럴듯해 보이는 설명은 이 문제에 관한 사변이 고통스럽지 않은 자아(구성요소는 별개로 하고)의 비존재를 주창하는 것에서 시작한 것이 아니라, 고통을 겪고 구원으로 가는 길을 감으로써 열반을 획득하는 실체가 있다고 하는 이른바 '인격(pudgala)' 이론을 거부하는 것에서 시작했다는 것이다. (B.C 300년경에 활약한) 밧시푸트라라는 한 인물이 이 이론을 설했다고 한다. 개인적 자아라는 의미에서 '인격'이라는 말을 살펴볼 때 이것을 혁신이라고 부를 수는 없다. 많은 경전의 문장이 인격 혹은 (자신의) 자아를 말하는데, 그것은 어떤 것을 성취해야 하고 발전하고 정화되고 인도되어야 하는 것이다. 그러나 이것이, 비록 실존적으로 관련되지만, 명백하게 일상적인 용법(대부분의 경우 자아 긍정의 전통적인 거부자가 그렇듯이, 관습적 용법의 의식적인 사용도 보여주지 않고, 몇몇 현대 학자들이 생각하듯이 영혼을 지시하지도 않는)인데 반해 밧시푸트라는 형이상학적 실체를 염두에 둔 것으로 사용한 듯하다.

이러한 이론은 약간 후대에 구원으로 가는 길, 특히 식별적 통찰의 길을 가기 위한 실존적인 동기뿐 아니라 이론적인 동기를 원한 사람들이 필수적인 것으로 간주했을 것이라고 가정할 수 있다. 그러나 식별적 통찰의 길은 그것(식별적 통찰)으로부터 이익을 얻는 사람들에게 그 질문에 대한 대답을 허락하지 않는다. 그러나 만약 이 식별적 통찰의 방법만을 고려한다면 심각한 문제가 발생한다. 그것은 '인격' 이론을 거부하는 것으로 이끌고 결과적으로 뭔가를 획득하는 사람 혹은 (자신의) 자아에 관해 실존적으로 연관된 경전의 문장을 평가절하하게 되는 것이다. 문제는 구성요소를 변화하지 않고 고통스럽지 않은 자아라는 기준으로 판단하는 것이고, 이 방법을 실천함으로써 개인적 자아가 구원을 얻는다는 것, 곧 고통스러운 상태에서 고통스럽지 않은 상태로 변한다는 것이다.

이 두 자아가 논리적으로 동일한 것일 수는 없다. 구성요소(이 단계에서 가장 확실하게 '지각'을 포함한다)가 인격이라고 알려진 모든 것을 포함하기 때문에 구성요소들로부터 '인격'을 분리하기란 어려울 뿐 아니라 불가능하기까지 하다. 이들 다섯 구성요소는 항상 변화하는 것이고 갈애가 없는 사람이 죽었을 때 결정적으로 중단된다고 가정된다. 그러므로 결론은 구원을 획득하는 인격이나 자아는 없다는 것이어야 한다.

구원에 도달하는 주체로서 인격, 곧 개별적 자아 이론이 자아의 비존재를 주장하는 것에 의해 거부되자마자, 변화하지 않은 자아에 관한 동일한 결정을 철회할 수 있는 여지가 거의 없어지게 되었다. 그러나 이것은, 적어도 초기에는, 오히려 용어상의 문제였던 것으로 보인다. 많은 불교도들은 열반이라고 하는 변화하지 않고 고통스럽지 않은 실체가 있다고 믿었다. 그러나 그들은 열반을 자아라는 개념과 연결시키려고 하지 않았다. 자아라는 개념은 위에서 언급한 방법 이외에서는 대부분 고통스런 자아와 관련하여 채택되기 때문이다. 이러한 용법은 구원에 관한 갈망을 포함할 뿐 아니라 그보다 훨씬 더 고통의 직접적인 원인이 되는 개인으로서의 자아로서 살아남고 즐기고자 하는 바람을 포함하고 있다.

자아의 존재에 대한 부정의 기원을 '인격' 이론에 대한 '논리적' 반응으로 설명할 때, 이미 이러한 부정의 초기 혹은 조금 후부터 이미 어떤 사람들이 (후대의 경우와 같이) 이러한 접근이 식별적 통찰의 실천을 보호하기에 필수적인 것이라고 생각했다는 것을 배제하는 것은 아니다. 후대에 자아의 비존재라는 교의는 욕망으로부터 완전히 벗어난 상태라는 목적에 관한 반대 이론에 내재한 바람직스럽지 않은 결과를 지적하는 것에 의해 먼저 변호되었다. 식별적 통찰과 유사한 방법이 자아의 존재를 믿는 사람에 의해서도 성공적으로 실천될 수 있다는 것이 인정되었다. 그러나 이것이 최종적인 성공으로 이끌지는 못한다. 이 믿음은 새로운 욕망의 뿌리가 될 수 있는 미세한 형태의 자아의식을 제거하는 것을 방해하기 때문이다.[12]

그러한 여분의 동기가 왜 대다수 불교도가 이 문제에 대한 분석적 접근인 무아 이론을 선택했는가를 설명할 수 있을 것이다. 비교리적 자세의 손실을 감안하면 그것은 붓다의 가르침을 보존하는 최선의 교리적 구조로 보인다.

식별적 통찰의 길을 실천하기 위한 이론적 동기에 관해서 자아의 존재를 부정하는 사람들은 명확히 이것이 불가능했다는 것을 자각했다. 유일한 길은 구성요소를 최종적인 열반의 순간에 동일한 자아의 파괴에 의해 이익을 얻는

....

12 이것은 초기 니야야 저작가들에 의해 추천된 고통의 수습(duḥkhabhāvanā)에 관한 다르마키르티의 반박에서 취해진다. 그들은 이 문제에 관해 명백히 불교로부터 영감을 얻었지만 개인적 자아라는 관념이 열반을 얻기 위한 그러한 방법을 채택하는 데 필수적이라고 간주함으로써 개인적 자아라는 관념을 포기하지 않으려 했다. 다르마키르티의 입장은 이론적으로 동기 부여할 수 있는 것이 아니라 구원으로 가는 다른 길보다 실재적인 길을 보여주는 것이 더 좋다는 것이다. 두 길을 동시에 가질 수는 없다(T. 페터, *Der Buddha und seine Lehr...* Wien, 1984, 28-30 그리고 126 주1 참조). 개인적 자아라는 관념을 논박하는 데 바쳐진 『구사론』 9장의 도입게송과 비교하라. 인간을 재생에 속박시키는 모든 불순함은 이 게송이 설하듯이 자아라는 관념에서 온다. S. 콜린즈(Collins)는 그의 저서 *Selfless Persons: Imagery and thought in Theravāda Buddhism*(Cambridge, University Press, 1982)에서 상좌부 불교에서의 '정신 문화'에 관한 전략으로 무아이론에 관한 매우 명료한 서술을 제시한다. 이 책에 대한 나의 유일한 반론은 콜린즈가 상좌부 '이론가'와 마찬가지로 상좌부의 입장을 율장과 경장에 투사하면서 너무 쉽게 다양한 정전의 언설을 통합하고 때로 단순히 이것을 붓다의 말과 동일시한다는 것이다. 그러나 정전의 문장에 대해서도 이 책에 있는 단어와 문장에 관한 자극적인 논의를 발견할 수 있다.

자아로 간주하는 것이었을 것이다. 『청정도론』(p.436)에 인용된 게송은 이 사실을 인식하고 그것과 함께 사는 것을 배웠다는 것을 보여준다. '고통만 (존재한다.) 고통스러워하는 (자는) 없다. 행위자는 없지만 행위는 있다. 열반은 존재한다. [그러나] 소멸[로 특징지어지는] 사람은 없다. 길은 존재한다. [그러나 그 길을] 가는 [사람은] 없다."[13]

식별적 통찰의 방법의 첫 단계에서는 실천적 동기와 이론적 동기 사이에 그런 큰 간극은 없었을 것이다. '지각'은 아직 무아로 판단되는 구성요소가 되지 않았다. 그것은 사람의 중심으로 그리고 윤회하는 실체로 기능하였다(10장 참조). 그것은 다른 학파의 개인적 영혼에 해당하는 것이지만 그런 식으로 언급되지는 않았다(그러한 첫 번째 시도는 아마 그것을 무상한 요소들에 일관되게 병합시키는 것일 것이다. MN 38 참조). 그리고 그것은 열반할 때 고립되고 완전한 상태로 남아 있는 것으로 간주되지 않았다. MN 22(p.140)의 문장이 다음과 같이 서술하는 것과 같다. "마음이 해탈한 뒤 (죽은) 비구(의 '지각')를 천신들이 찾을 때, 그들은 [그것을] 발견할 수 없었다. [그래서 그들은] 여래(tathāgata)[14]의 지각(viññāṇam)은 이것에 의해 지지된다[고 말할 수 있다.] 왜 그런가? 이미 이 생에서 나는 여래를 알 수 없는 것이라고 부른다." 이 문장은 붓다의 가르침의 목적이 결코 소멸이 아니라는 것을 서술하는 것으로 이어진다. 이것은 아마 이 문제에 관한 부정뿐 아니라 긍정도 피하고자 했던 시기를 지시할지도 모른

13 비슷한 언급이 다르마키르티의 『양평석(Pramāṇavārttika)』의 「양성립(Pramāṇasiddhi)」 장 192 게송에 나타난다.

14 이 문장은 최초기에 여래(tathāgata)라는 단어가 붓다에게만 사용된 것은 아니라는 명백한 증거다. 여기서 이 개념이 지시하는 것은 해탈한 비구다.

다(11장 참조). 그러나 어떤 곳에서는(DN XI에서 결론부 게송, 12장 참조) 지각이 어떤 속성도 없고 한계도 없으며(ananta) 모든 곳에 편재해 있는 것으로 묘사한다. 초기에 어떤 불교도들은 열반할 때 개인적인 '지각'이 바로 이 큰 '지각'으로 용해되는 것으로 간주했을 것이다.

/ 10 /

12연기

생성된 것은 특정한 원인과 선행조건을 필요로 한다. 직접적으로는 피할 수 없는 바람직하지 않은 상황도 그 원인과 선행조건을 찾아 파괴함으로써 피할 수 있다고 하는 원리는 이미 4성제의 교리와 연관되어 있다. 고통은 갈애로부터 발생한다. 8정도를 따름으로써 갈애를 정복하고 따라서 고통을 정복할 수 있다.

율장 I p.40에서는 붓다의 첫 제자가 된 다섯 비구 중 한 사문인 앗사지가 사리풋타와 목갈라나에서 전달한 다음과 같은 정형구에 붓다의 교리를 응축하고 있다.

> 여래는 원인뿐 아니라 그것으로부터 발생하는 상황/정신 상태(dhamma)의 소멸을 설했다. 이것이 위대한 사문이 설한 것이다.[15]

후대에 이 정형구는 많은 불교도에 의해 높은 평가를 받고 일종의 교의로

15 ye dhammā hetuppabhavā tesaṃ hetuṃ tathāgato āha/tesaṃ ca yo nirodho evaṃvādiī mahāsamaṇo.

취급되었다.

제거 가능한 원인 혹은 선행조건은 종종 결과에 직접 선행하는 것이 아니다. 원인과 멀리 떨어져 있는 바람직하지 않은 결과 사이에 놓여 있는 것 역시 원인 분석의 일부일 수 있다. 그리하여 원인과 결과의 연쇄가 발생한다. 갈애가 새로운 생존을 낳고 새로운 생존은 늙고 죽는 것을 벗어날 수 없다고 하는 계열은 매우 단순하다.

정전에서는 많은 원인/선행조건과 결과의 다양한 연쇄가 나타난다. 나는 여기에서 고통이 무명에서 시작하는 특정한 원인들에 의지하는 12연기(P. paṭicca-samuppāda, S. pratītya-samutpāda)라고 알려진 계열[(일련의) 개념]에 주목할 것이다. 이 계열이 불교사상사에서 가장 큰 영향을 미쳤다.

식별적 통찰과 루(漏)의 파괴에 관해 서술한 8장에서, 식별적 통찰에 의해 갈애가 파괴된다는 것을 더 잘 설명하기 위해 무명이라는 새로운 요소가 3루설(두 개의 갈애와 무명)에 포함되었다고 가정했다. 곧 통찰이 무명을 파괴하고 따라서 무명에 의존하고 있는 갈애를 파괴한다는 것이다. 그러나 3루설은 갈애가 무명에 의존한다는 것을 명확히 언급하지 않는다. 이러한 언급이 12연기설에 나타난다. 나는 이 계열에 대한 논의를 미루어야 했다. 그 의존성은 식별적 통찰을 도입했을 때 비로소 개연성 있는 방식으로 묘사되기 때문이다. 식별적 통찰의 방법이 지향했던 구성요소들 중 네 개가 이 연쇄의 연결고리의 이름으로 나타난다.

우다나 I 1에서는 이 계열이 다음과 같이 제시된다.[16]

---

16 더 많은 경전의 문장에 대해서는 F. 베른하르트(Bernhard), "Zur Interpretation der Pratītyasamutpāda-Formen", WZKSO XII-XIII(1968) 53-63과 E. 라못트(Lamotte), "Conditioned Co-production and Supreme

이것이 있을 때 저것이 있다. 이것이 발생하기 때문에 저것이 발생한다. 곧

1. 무명(avijjā)을 조건(-paccayā)으로 하여
2. 성향들(saṅkhārā)이 발생한다(즉 활성화된다). 이것을 조건으로 하여
3. 지각(viññāṇam)이 발생한다. 이것을 조건으로 하여
4. 명칭과 가시적 형태(nāma-rūpaṃ)가 발생한다. 이것을 조건으로 하여
5. 여섯 감관(saḷāyatanaṃ)들이 발생한다. 이것을 조건으로 하여
6. 접촉(phasso)이 발생한다. 이것을 조건으로 하여
7. 느낌(vedanā)이 발생한다. 이것을 조건으로 하여
8. 갈애(taṇhā)가 발생한다. 이것을 조건으로 하여
9. 집착(upādānaṃ)이 발생한다. 이것을 조건으로 하여
10. 생존(bhavo)이 발생한다. 이것을 조건으로 하여
11. 탄생(jāti)이 발생한다. 이것을 조건으로 하여
12. 늙음(곧 파괴)과 죽음(jarā-maraṇaṃ), 슬픔, 비탄, 고뇌, 낙담, 혼란이 발생한다. 이것이 모든 고통 덩어리의 기원이다.

이 연쇄의 부정적인 형식도 있다. 그것은 이 계열의 목적을 더 명확히 한다

....

Enlightenment", Festschrift for Walpola Rāhula, 119-132를 보라.
베른하르트(E. 발트슈미트를 따르면서)는 여러 자료에서 어떻게 이 연쇄가 붓다가 정각을 이룬 후에 처음 발견되고, 다음으로 그의 정각과 결합하며, 최종적으로 정각의 유일한 내용이 되었는가를 보여준다. 라못트 역시 이 연쇄가 정각(훨씬) 이전부터 알려져 있었다는 문장을 지적하지만(pp.121-123), 다른 진술들을 역사적으로 배열하려는 어떤 시도도 거부한다. 그의 의견에 따르면 "… 우리에게는 정전의 자료에 의해 맹목적으로 인도되는 것만 허용된다."

(우다나 I 2). 그것은 무명이야말로 고통을 제거하기 위해서 반드시 제거해야 할 원인이라고 서술한다.

이것이 존재하지 않으면 저것이 존재하지 않는다. 이것을 제거함으로써 저것이 제거된다. 곧 (1) 무명을 제거함으로써 (2) 성향들이 제거된다. 성향들을 제거함으로써 (3) 지각이 제거된다. …(11) 탄생을 제거함으로써 (12) 늙음과 죽음이 제거된다. 그리하여 모든 고통의 덩어리가 제거된다.

성향들(saṅkhārā, 아래를 보라)을 제외하고는 가능한 한 모든 개념을 글자 그대로 번역하려고 노력했다. 많이 설명하지 않아도 무명을 제거하는 데 모든 강조점이 놓여 있다는 것을 알 수 있고 또한 몇몇 연결고리는 쉽게 이해될 것이다(예를 들면 늙음과 죽음은 탄생에 의존한다). 그러나 다른 연결은 불명료한 채로 있고(예를 들어 왜 지각이 성향들로부터 발생하는가?), 전체 계열은 대단히 수수께끼 같은 인상을 준다.

이해하기 쉬운 가장 좋은 방법은 먼저 쉽게 알 수 있는 '갈애'부터 '노사'까지의 뒷부분을 분리하는 것으로 보인다. 이것은 집성제 혹은 부정적인 형식으로는 멸성제가 정교화한 형태다. '집착(upādāna)'이라는 개념만이, 만약 그것이 구성요소를 집착한다는 것을 의미한다면, 새로운 발전의 영향을 보여줄 수 있다. 하지만 그것도 반드시 그런 것이라고는 할 수 없다. 이 부분은 다음과 같이 해석할 수 있다. 갈애는 집착을 야기함으로써 새로운 생존의 원인이 되고, 그것은 대략 9달 후에 탄생으로 나타난다. 그 후 여러 가지 고통을 피하기는 어렵다. 갈애를 극복함으로써 이 모든 과정으로부터 탈출할 수 있다.

이제 '갈애' 이전의 연결고리를 살펴보자. 전통적으로 그렇게 간주하듯이 문자적인 설명은 그것들을 갈애에 대한 조건의 연속으로 간주한다. 이것은 무명의 경우에는 설득력이 있다. 무명으로 시작하고 갈애를 포함하고 있는 연쇄와 관련해서, ('바른 삼매'를 통해서) 갈애가 더 이상 고통을 직접 파괴하는 조건이 아니라 무명이 이러한 조건이 되었고, 식별적 통찰 혹은 해탈적 통찰이 구원을 얻는 진정한 수단으로 권고된다는 것을 가정할 수 있다.

그러나 문제는 전통적인 주석자뿐 아니라 문헌학자도 이 연쇄의 첫 두 개념(무명과 성향들)을 전생에 속하는 조건으로 해석하게 되었다는 점이다(아래를 보라). 그렇다면 갈애가 무명에 의존한다는 것을 가르치기에는 전체 연속이 너무 복잡해질 것이다. 문자 그대로 보면 통찰이 아무 역할을 못하면, 12연기는 이 생에서 우리의 무지가 다음 생에 갈애를 낳고, 그것은 반드시 또 다른 삶으로 이끈다는 것이다. 이러한 바람직스럽지 못한 결론을 피하기 위해 불교주석가들은 '갈애'가 '무지'를 의미하기도 한다(그리고 '무지'가 '갈애'를 의미하기도 한다)고 주장했다.

역사가들에게는 개념들을 그런 식으로 왜곡하지 않는 해결법을 찾는 것이 허용된다. 그것은 고통의 연기를 다르게 설명하는 두 연쇄가 표면적으로 결합되어 12연기가 된 것이 확실해 보인다는 것이다. 앞부분(1-7)은 뒷부분(8-12)보다 고통의 원인에 대해 더 발전된 설명을 시도한 것이다. 그것은 (구성요소를 지시하는 것으로 나타나기도 하는) 새로운 용어로 (성향들에 포함된) 갈애가 무명에 의존한다는 것을 포함하고 있는 것을 보여줄 것이다. 이 점에서 두 번째 부분(8-12)이 부가된 것은 명백히 필요 없는 것이다. 그러나 이것은 호교론의 입장에서 이루어진 것이라고 이해할 수 있다. 그렇다면 '갈애'(오랜 개념) 및 그것의 결과들이 무명 및 그것의 결과들에 의존한다고 명백히 서술하는 것의 목적은 '바른 삼매'에 의해 갈애를 극복했다고 주장한 사람들을 비판하는 것이다. 그들은 갈애를 극복했을지도 모르지만 '바른 삼매'를 통해서만은 아니다. 비록 자각하지는 못했을지라도 그들은 어떤 종류의 통찰을 사용했을 것이다. 그 통찰은 식별적 통찰 혹은 해탈적 통찰과 밀접한 것으로, 그것이 없다면 갈애를 최종적으로 파괴할 수 없었을 것이다. 두 번째 부분이 적절히 조정되지 않은 채 갈애(와 집착)가 두 번째 연쇄의 끝에 서술된 재생의 유일한 원인으로 남아 있는 것은 바로 그 때문이다.[17]

두 연쇄를 결합시키기 위해 첫 번째 부분의 마지막 연결고리가 '느낌'이라는 일반적 개념하에 도입되어야 했다. 그것은 아마도 원래는 고통이었을 것이다. 느낌은 일반적으로 즐겁고 즐겁지 않으며 중성적인 느낌으로 세분된다. 갈애와의 결합은 즐거운 느낌을 그것의 조건으로 간주할 경우 설득력이 있다. 즐겁지 않은 느낌도 갈애를 끌어낼 수 있겠지만, 또한 [아프다는] 감각에[만] 치중하게 할 수도 있는 것이다.

이제 12연기의 첫 번째 부분을 자세히 설명해보자. 대상과의 '접촉'(6)이 '느낌'(7)의 조건이다. 그리고 이 '접촉'(6)을 위해서는 마음을 포함해서 '여섯 감관'(5)이 필요하다. '여섯 감관'(5)은 고대 인도에서 '사람'을 가리키는 개념

17 연기에 대한 더 짧은 몇몇 연쇄가 이러한 제안에 대한 반작용으로 해석될 수 있다. 예를 들어 SN 35.106은 갈애가 느낌에 의존하고 느낌은 접촉에 의존한다는 것을 받아들인다. 그러나 그것은 12연기가 그렇듯이 느낌 등을 제거함으로써가 아니라 욕망의 완전한 부재를 통해 갈애를 제거함으로써(*taṇhāya asesavirāganirodhā*), 집착이 제거되고 따라서 생존, 재생, 노사가 제거된다고 명백히 설한다.

인 '명칭과 가시적 형태'(4)에 기반하고 있다. 그것은 원래 사람의 이름이 본질적이라는 것을 표현했지만, 불교도에게 그것은 사람의 네 가지 정신적 요소(명칭)와 육체적 요소(형태)의 (실제적) 결합을 암시하는 것이다.

7에서 4까지의 조건에 묘사된 것은 생활의 모든 상황에서 타당한 것이다. 그러나 틀림없이 재생을 다루고 특정한 시간적 측면을 가진 연쇄는 이 점에서 다음과 같은 관념을 표현할 것이다. 대상과 접촉의 조건으로서 여섯 감관은 탄생 순간 이전에는 완전히 작용할 수 없으므로, 그것들은 모태에서 사람('명칭과 형태')이 성장한 결과로 보였을 것이다.

'명칭과 형태'를 일생 중 모태에서 보내는 기간의 일부로 해석하는 데서 몇몇 전통적인 주석들의 제안(예를 들어 『구사론』 III 20-21)에 따른다. 그렇게 하는 것이 맞다면 그것의 조건인 '지각'(3)이 생애의 특정한 순간을 가리킨다는 것을 예상할 수 있다. 같은 전통과 일치시킬 때 그것은 일생 중 모태 안에서의 시작으로 받아들일 수 있다.

그런데 왜 이 시점이 '지각'이라고 불리는가? 이 질문에 대한 아주 간단한 답이 주어질 수 있다. 이것은 사람의 가장 미세한 부분으로 '지각'이 윤회하는 실체라는 고대적 관념의 유산이다. 정전의 어떤 곳에서 여전히 이러한 관념의 예를 발견할 수 있다. 예를 들면 고디카가 죽은 후, 마라는 이 비구의 '지각'을 찾는다(SN 4.23). 그렇다면 '명칭과 형태'의 조건으로 '지각'은 그때 모태로 들어가는 그 순간을 의미할 것이고(DN I p.63 viññāṇaṃ … mātukucchismim okkamitvā 참조), 새로운 생명은 '지각'을 중심으로 시작한다.

그러나 우리는 조심스러워야 한다. 비록 오랜 관념의 흔적을 보여주지만 12연기의 이 부분은 아마도 '지각' 또한 무상한 것으로 간주된 단계에서 식별적 통찰을 전제로 하고 있을 것이다. 이런 의미에서 MN 38에서는 사티 비구가 윤회하는(sandhāvati/ saṃsarati) 주체가 항상 동일한 '지각'이라고 진술하는 것을 적절하게 비판하고 있다. 그러나 MN 38의 저자/편집자가 지각의 진정한 의미로 대신 제시하는 것은 다른 극단에 너무 치우쳐 있다. 그의 견해에 따르면 지각은 눈과 (가시적) 형태(그리고 더 이상은 없다)에, 귀와 소리(그리고 더 이상은 없다) 등에 의존하여 발생한다. 이것은 지각의 발생에 관해서 순수한 유물론적 견해에 빠져버려 성향들에 의한 연쇄의 세 번째 연결고리를 결코 설명할 수 없다.

만약 이 환경 아래서 '지각'을, 위에서 인용한 정전의 언급(DN I p.63, '지각'이 모태에 들어갔다)에서 암시한 것과 같이 새로운 생존의 출발점으로 설명하고자 한다면, '들어감'의 바로 그 순간에 '명칭과 형태'에 근거한 적어도 하나의 감각(촉감)이 (미약하게) 작용해야만 한다. 이것이 정전의 몇몇 곳에서,[18] 12연기와 같은 조건들이지만, '명칭과 형태'의 조건인 '지각'과 '지각'의 조건인 '명칭과 형태'가 상호간에 의존하는 것으로 끝나는 연쇄로 나타나는 이유로 보인다. 조건들의 연쇄는 여기서 되돌아가고 성향들과 무지로 나아가지 않는다. 그리하여 통찰이나 삼매에 의해 파괴될 수 없는 조건으로 끝나고 이 점에서 순전히 이론적 구조가 된다.

그러나 대부분 '명칭과 형태'는 단순히 '지각'에 의존한다(그 반대는 아니

18 예를 들어 SN 12.67(11장 참조)와 DN 14(II p.32).

다). 이것이 더 오래된 연결고리 형태로 보인다. 그것은 순전히 지각에 대한 발전된 실제적 사고로 이해하기 어렵기 때문이다.

이 형태의 연결은 지각에 대한 더 실체론적인 관점을 암시한다. 일반적인 의미에서 실제적인 지각을 위해서는 감관과 대상이 필요할 뿐 아니라 구성요소로서 지각의 현존이 필요함을 뜻한다. 12연기에서 세 번째 조건으로서 '지각'에 대하여, 죽음 이후에 구성요소로서의 지각이 감관의 도움 없이 잠재적인 상태로 계속 존재한다는 것을 가정해야 한다. 모태로 들어가면서 그것은 다시 미약하지만 활성화하고 그렇게 하여 새로운 생명의 출발점이 된다.

윤회하는 구성요소로서의 지각이 모태로 들어갈 때가 12연기의 세 번째 연결고리를 의미한다는 것은 『구사론』 III 21c에서 지지될 수 있다. 거기서는 '지각'이 다섯 구성요소 – 설일체유부의 체계에서는 순간적 실체의 다섯 묶음의 흐름 – 가 모태로 들어가는 순간의 이름으로 설명된다.[19] 원래부터 다섯 구성요소나 순간적 실체의 흐름 이론이 이 연결고리와 결합한 것 같지는 않다. 그러나 세 번째 연결고리의 이름으로 미루어보아 지각이 (아마 미약한 느낌, 통각 그리고 성향들과 함께) 윤회하는 것으로 간주된 것은 대단히 개연성이 높다. 이 지각이 비록 (혹은 더 이상) 영원한 것은 아니지만 일종의 실체로 간주되었다. 다음 장에서는 '흐름'의 인과관계에 관한 이론 없이 어떻게 영원과 소멸, 동일성과 차이라는 극단을 피하고자 했는가를 보여주고자 한다. 한 이론은 정전의 몇몇 곳에서 나타나는(예를 들어 AN 3.8.6) 씨앗의 이미지를 사용한 것이다.

19 mātuḥ kukṣau pratisandhikṣaṇe pañca skandhā "vijñānaṃ".

씨앗이 특정한 조건 아래서 전혀 다른 사물이 되지 않고 새로운 식물로 자라는 것과 마찬가지로 지각도 새로운 생명으로 발전하는 것이다.

이제 12연기의 두 번째 연결고리인 성향들(saṅkhārā)로 돌아가 보자. 이것은 어려운 단어로, 어원적으로는 '[미래에 어떤 일을 하기 위해] 형성되거나 준비된 상태'와 밀접하다. 이 12연기에서 다섯 구성요소가 어떤 역할을 한다고 가정하는 것이 맞다면, 12연기에서 성향들의 의미가 구성요소로서 성향들의 의미와 크게 다르지 않다고 예상할 수 있다. 산스크리트어로 남아 있는 『도간경(Śalistambha-sūtra)』은 이 기대를 가장 잘 만족시킨다. 이 경전에 따르면 12연기의 성향들은 대상에 대한 탐욕과 분노 그리고 혼란이다(rāga-dveṣa-mohā viṣayeṣu).[20] 전체적인 설법 내용은 불교문헌의 최고층에 속하는 것 같지는 않지만, 이 해석은 아마 꽤 오래된 것일 것이다(볍씨로서의 지각이라는 중심적 이미지처럼). 어떻게 되었든 그것은 후대의 주석가들이 지지한 해석은 아니다(아래를 보라).

새로운 존재의 첫 순간으로 간주된 '지각'의 조건으로서 성향들은 반드시 이 순간 이전이어야 한다. 우리는 미래의 생존을 위한 구성요소로서의 지각을 준비하는 이전 삶의 실질적인 감정들을 생각할 수도 있고, 죽은 이후 재생을 위한 새로운 장소를 찾는 지각을 야기하고 이러한 감정들에 의해 유지되거나 강화된 성향들을 생각할 수도 있다. 두 측면 모두를 의미하겠지만 명확히 구분되지는 않는다.

....

20 Mahāyāna-sūtra-saṃgraha, part I, ed. P. L. 바이디야(Vaidya), Darbhanga 1961, p.103, 19.

비록 단순한 욕망 이상이라는 것 그리고(어원적으로) 잠재성의 측면을 가졌다는 것이 명백하지만, 성향들은 기능상에서 4성제 구조에서 갈애와 대응될 수 있다. 이러한 대응이 명확하게 나타난 정전의 자료가 있다. MN 64(I p.436)에서 종교적 삶의 목적은 성향들의 지멸, 모든 취착(upadhi, '더하는' 작용)의 포기, 갈애(taṇhā)의 파괴, 탐욕의 부재(vi-rāga) 등등으로 묘사된다.

대부분의 전통적인 주석가들은 성향들(saṅkhārā/saṃskārāḥ)이 이 맥락에서 나타날 때, 이를 업(직접 경험되지 않는 결과를 가진 '행위' 그리고 결국은 결과를 산출하는 그 행위에 의해 놓인 잠재적 힘)으로 설명한다. 12연기의 뒷부분에서 탄생을 위한 같은 조건을 제공하기 위해 그들은 '생존(10 bhava)'도 역시 업으로 설명한다. 이 해석은 붓다 당시에 자이나교가 표방한 사상이 불교에 침투한 것을 반영한다. 우리의 모든 행위(도덕적으로 의미 있고 모두 이기적인)는 예외 없이 얼마 후에 과보를 받는다. 그러므로 자이나교의 견해에 따르면 행위는 재생을 위한 원인이 된다. 반면 가장 오래된 불교 입장에서는 갈애에 의해, 혹은 더 발전된 불교 입장에서는 무지와 갈애에 의해 재생하고, 업은 다만 새로운 생존의 형태를 규정하는 것일 뿐이다.

자이나교가 고행을 통해 모든 업을 극복하려고 시도하는 정도로 불교에서 업이 실천적인 중요성을 가지지는 않는다. 이 문제에 대한 이론적인 해결책이 있었다. 업이 재생을 야기하기 위해서는 다른 요소, 예를 들어 무지, 욕망, 분노 등 번뇌라고 불리는 것들을 필요로 한다. 다른 요소를 파괴한 사람은 해탈하기 위해 업의 창고를 용해하려고 할 필요는 없다.

12연기의 열 번째 개념인 '생존(bhava)'을 업과 동일시하는 것은 단순히 편의적인 것으로 볼 수 있다. 그러나 성향들이 그런 내용을 얻기 쉽다는 것은 인정해야 한다. 그것은 업(karma)과 동사 어근 하다(kṛ)를 공유한다. 게다가 그것이 가진 잠재성의 측면(어원적으로 '[미래에 어떤 것을 하기 위해] 형성되거나 준비된 것')은 어떤 탐욕에 탐닉한 결과로 점증하는 집착을 생각하게 한다.[21] 그리고 이것은(비록 업에 대한 사유에 결합된 것과 정확히 같은 것은 아니지만) 일종의 과보다. 업과 동일시하는 것은 업을 의도(cetanā)[22]로 축소할 때 가장 설득력이 있다. 그것은 의도야말로 단순한 동작을 미래의 보이지 않는 결과를 가진 '행위'로 만드는 주체라는 가정이다. 재생으로 이끌고 내생의 형태를 규정하는 '행위'로 이끌 수 있는 감정들(욕망 등)은 이제 감정들에 물든 행위에 대한 의도로 대체된다. 감정들 그 자체는 직접적으로 행위를 야기하건 행위에 대한 의도를 물들이건, 『구사론』 III 21에 따르면 이제 12연기의 첫 번째 개념인 '무명'에 포함된다.

성향들에 대해 논의한 후, 남아 있는 하나의 연결고리, 무명이 설명되어야 한다. 어떤 종류의 무명이 없이는 성향들이 발생할 수 없고 새로운 생존으로 이끌지도 못한다. 만약 12연기를 도입한 동기가 오래된 방법에 맞서 식별적(그리고 해탈적) 통찰을 옹호하기 위한 것이라는 가정이 옳다면, 무명은 식별적(혹은 해탈적) 통찰의 반대일 것이고 모든 사물이 무상하다는 사실 등에 대한 통찰의 부재(혹은 4성제에 대한 인식의 부재)를 의미할 것이다.

21 고통의 의존적 발생의 맥락과는 다른 맥락에서 성향들이라는 개념은 긍정적인 도덕적, 지적, 미적 성향에 대한 설명으로 사용될 수 있다.

22 이 연결과 관련해 가장 자주 인용되는 정전의 문장은 AN 6.6.9(III p.415)다: cetanāhaṃ, bhikkhave, kammaṃ vadāmi/ cetayitvā kammaṃ karoti- kāyena vācāya manasā. 14장에서 나는 이것이 가장 오래된 입장은 아니라는 것을 증명하고자 한다. 게다가 이 문장이 업을 단지 의도로만 축소시키는 것도 아니다. 업은 의도 및 의도로부터 실제로 도출된 것이다.

시간이 지나자 성향들(saṅkhārā)의 조건으로 단순한 통찰의 부재는 더 이상 만족할 수 없게 되었다. 무명은 실질적인 힘으로 간주되어야 했다. 이것은 위에서 언급했듯이 감정들이 성향들에서 무명으로 이동한 것을 지지한다. 이 모든 힘들은 '불순함'을 뜻하는 번뇌(P. kilesa, S. kleśa)라는 이름을 얻었다. 무명을 실질적인 힘으로 간주하려는 첫 번째 시도는 Sn 730에 나타난다. 거기서 무명은 12연기와 비슷한 연쇄의 맥락에서 큰 혼란(mahā-moha)이라고 불린다. '혼란'은 명백히 위에서 성향들에 대한 설명으로 사용된 욕망(rāga), 분노(dosa, S. dveṣa), 혼란이라고 하는 일련의 개념에서 취한 것이고 원래는 분노와 마찬가지로 탐욕의 조건이라기보다는 탐욕에 의해 조건지어진 것이다.

무명이 혼란으로 설명된 이 게송은 Sn 728을 중심으로 하는(숫타니파타에서의) 설법의 일부다. 명백히 Sn 728은 훨씬 오래된 것이고 내가 보기에 챌머스경(Suttanipāta XVII)이 올바로 묘사한 것처럼, "… 학문적인 부가물에 둘러싸인 오아시스로 남아 있다…" 거기서 우리는 12연기의 본래 의도로 보이는 핵심을 발견한다.

> … 무지한 채로 '취착'(upadhi 위 참조: 기층의 의미에서가 아니라 갈애의 의미에서)을 산출하는 어리석은 사람은 반복해서 고통으로 간다. 그러므로 통찰(pajānam)을 가지고 탄생으로부터 고통이 온다는 것을 보면서 '취착'을 산출하지 말아야 한다.

그러나 후대에는 12연기의 다른 목적이 지배적이 되었다. 그것은 생존의 일부로 이끌고 그것을 구성하는 모든 중요한 원인과 단계에 대한 설명이다. 주요 취지는 인간 자신도 아니고 신에 의해서도 유지되지 않는 시작이 없는 생존의 인과적 연속성이다. 중국의 화엄 전통에서 그것은 의존적 상호 발생이 되었고 그만큼 분석적 세계관 이상의 중심이념이 되었다.

/ 11 /

완전한 파괴의 부정

얼마 지나지 않아 해탈한 사람의 죽음은 지각(viññāṇam)을 포함한 다섯 구성요소 모두의 불연속성으로 간주되었다. 이것은 완전한 소멸(마라가 해탈한 사람의 지각을 발견할 수 없었다는 9장의 말미에서 인용한 문장보다 훨씬 더)을 강하게 암시한다. 그러나 완전한 소멸을 생각하는 것은 붓다의 의도라고 알려진 것과는 분명히 지나치게 모순된다. 이러한 결론에 대한 흥미 있는 방어가 네 가지 입장의 방식(catuṣkoṭi, 사구분별)으로 이루어진 문장으로 경전에 나타난다. 네 가지 입장이란 질문에 대해 가능한 다음 네 가지 대답이다. 1) A이다, 2) A가 아니다, 3) A임과 동시에 A가 아니다, 4) A도 아니고 A가 아닌 것도 아니다. 해탈한 사람이 사후에도 존재한다는 것에 대한 경우의 수에서(A는 사후에도 존재한다는 것을 의미한다), 네 가지 가능성을 모두 부정함으로써 모든 이론을 부적절한 것으로 간주하고 거부하고자 한다. 이것이 이 장에서 논의하고자 하는 첫 번째 주제다. 이 장의 두 번째 주제는 그것과 매우 밀접히 연관되어 있다. 식별적 통찰의 방법은 무상성을 지나치게 강조한다. 그러나 나중에 구성요소라고 불렸던 것은 정확히 새로운 생존으로 연속되는 것이었다. 그것은 고래로부터 구원으로 가는 자들이 출발점으로 삼은 것이었다. 식별적 통찰이 성립한 후 연속성의 측면은 연기 이론으로 재정립되었다. 이제 무상한 사물과 그 사물의 연속으로 보이는 결과 사이의 관계가 무엇인가 하고 물을 수 있다. 원인과 결과는 전혀 다른 사물처럼 완전히 다른 것인가 아니면 동일한 것인가? 여기서 네 가지 입장 역시 어느 정도 도움이 되었다. 그러나 네 번째 입장은 모든 입장의 부정이 A도 아니고 A가 아닌 것도 아니라는, 긍정적 의미를 제거할 수 없다고 하는 약한 방식으로 제시되어 있다.

첫 번째 주제에서 부정된 네 가지 가능성은 1) 해탈한 사람[23]은 사후에 존재한다(hoti tathāgato parammaraṇā), 2) 해탈한 사람은 사후에 존재하지 않는다, 3) 해탈한 사람은 사후에 존재하기도 하고 존재하지 않기도 한다, 4) 해탈한 사람은 사후에 존재하는 것도 아니고 존재하지 않는 것도 아니다. 아마 이 경우에 3)과 4)는 전혀 가능성이 없고 따라서 부정될 필요도 없다. 그러나 이것을 검토하는 것이, 이 부정들을 사용함으로써 모든 이론 형식을 피하고자 하는 사람의 과제일 필요는 없다. 3)과 4)가 의미 있는 다른 경우를 아는 것만으로 충분하다. 위험을 감수하지 않기 위해서 여기에서 3)과 4)도 역시 부정할 수 있다. 3)은 차별화된 대답을 상상할 수 있는 경우에 의미가 있다. 불교사에서 예를 들어보면 어떤 학파는 세계는 유한하기도 하고 무한하기도 하다고 주장한다. 세계가 위와 아래로 연장을 가진다는 측면에서는 유한하다. 그리고 측량할 수 없는 우주가

....

23 2장 주7을 보라.

우리 우주와 같은 수준에서 존재한다고 하는 한 무한하다(『구사론』 III 3, 마지막까지: DN 1 I p.23 참조). 4)에 관해서는 아마 원래 양극단을 나타내는 두 개념의 부정을 고려했을 것이다. 그 부정은 이름이 없는 중간을 표현하는 것이다(2장에서 중도 참조). 'A도 아니고 B도 아니'라는 것이 'A도 아니고 A가 아닌 것도 아니'라는 것보다 더 정확할 것이다. 그러나 후자의 구조도 어떻게든 인정된 언어 용법으로 귀결되었다. 다음 장에서는 '통각도 아니고 통각이 아닌 것도 아닌 영역'이라는 명상상태를 소개할 것이다. 그것이 의미하는 것은 통각이 사라지기 직전의 상태다(더 원래적인 의미에 관해서는 부록 참조). 내 견해로는 그것을 오직 중도로 해석함으로써만 네 번째 입장이 의미가 있을 수 있고 따라서 모든 이론의 부정을 목표로 하는 부정에 대한 의미 있는 대상이 된다. 그것은 또 다른 '양자 부정'이다. DN 2(I p.58)에서 산자야 벨랏티풋타(Sañjaya Belaṭṭhiputta)는 다음과 같은 네 가지 입장 모두를 부정함으로써 모든 이론을 피하고자 한다. a) 저 세상이 존재한다(atthi paraloko), b) 화생이 존재한다(atthi sattā opapātikā), c) 선행과 악행의 결과가 존재한다(atthi sukatadukkaṭānam kammānaṃ phalaṃ vipāko), 그리고 d) 해탈한 사람이 사후에 존재한다(hoti tathāgato param-maraṇā). 이러한 개념의 맥락에서 그는 긍정적 입장, 부정적 입장, 보완적 입장 그리고 중간적 입장을 피한다(DN 1 I p.27). 이러한 태도는 비판되어왔다. 8정도 이론에 따르면 반드시 명확하게 특정한 사실을 인식해야 하기('바른 견해') 때문이다. a), b), c)에서 언급된 점에 대한 믿음은 확실하게 이러한 사실에 속한다(3장 주16 참조). d)의 회피도 비판되었다는 사실에 대한 가장 개연성 있는 설명은, 고대에는 해탈한 사람이 죽음 이후에 존재한다는 믿음도 바른 견해의 하나였다는 가정이다. 위에서 언급한 DN 1과 2의 일부(경전 그 자체보다 오래된 것으로 보인다)에서는 d)가 a)에서 c)까지와 같은 방식으로 논의되기 때문이다.

그러나 MN 63에서 말룽키야풋타에게는 붓다에 의해 설명된 사실(byākata)과 설명되지 않은 사실(abyākata)의 구별이 이루어진다. 이 경전에서는 해탈한 사람이 사후에도 존재할 수 있다는 것이, 세계가 영속적인가 아닌가 혹은 무한한가 아닌가 그리고 영혼(jīva)과 육체가 동일한가 다른가 하는 문제와 함께 나타난다. 이 모든 사실들은 붓다에 의해 설명되지 않은 것으로 간주된다. 붓다는 다만 4성제만 설했다. 왜 붓다가 위에서 언급한 질문에 대해 논의하지 않았는가 하는 점에 대한 이유도 주어져 있다. 이에 대한 논의는 구원을 촉진하지 않고 반대로 그것을 방해할 것이다. 만약 이 난문에 대한 대답을 들은 후에야 구원으로 가는 길을 따르기 시작한다면, 그 사람은 화살을 맞았지만 누가 화살을 쏘았는지 화살이 무엇으로 만들어졌는지 등등을 알기 전에는 치유를 거부한 사람에 비유된다. 그는 모든 질문에 대한 대답을 듣기도 전에 죽고 말 것이다.

MN 72에서는 붓다가 MN 63에서 대답하지 않았던 바차곳타(Vacchagotta)의 질문에 대해 대답한다. 나는 세계가 영속적인가 아닌가 등에 대한 견해를 갖고 있지 않다(na … evaṃdiṭṭhi, 첫 세 질문은 긍정적 입장과 부정적 입장으로만 나타나지만 해탈한 사람의 사후 존재에 관한 질문은 네 가지 입장을 모두 보이고 있다). 항상 부정적 반응의 설명이 뒤따른다. 견해들(diṭṭhigatam)은 숙고하거나 관심을 가질 만한 것이 아니다. 그것들은 그 자체로 고통이고, 그런 만큼 고통을 종식시키지 않는다. 그 후 경전은 구성요소들에 대한 식별적 통찰을 통해 구원으로 가는 길로 돌아간다. 그리고 결과적으로는 해탈한 사람이 죽었을 때 구성요소가 소멸한다는 사실이 사람의 완전한 소멸을 암시하는 상황에 빠진다. 명백히 그러한 암시를 피하기 위해, 곧 MN 63과는 다른 동기를 가지고 해탈한 사람의 사후 존재에 관한 질문이 다시 제기된다(약간 이상하고 더 정교한 형태로). 긍정적 형태, 부정적 형태, 양자 긍정 형태, 양자 부정 형태로 이루어진 질문들은 적절하지 않은 것으로 말해진다. MN I p.486에서는 다음과 같은 설법이 붓다에게 귀속되어 있다(요약).

나는 더 이상 견해를 갖고 있지 않다. 다음과 같이 봤기(diṭṭham) 때문이다: 이런 식으로 가시적 형태가 있다, 이런 식으로 가시적 형태의 발생이 있다, 이런 식으로 가시적 형태의 소멸이 있다. 이런 식으로 느낌이 있다… 이런 식으로 통각이 있다… 이런 식으로 성향들이 있다… 이런 식으로 지각이 있다, 이런 식으로 지각의 발생이 있다, 이런 식으로 지각의 소멸이 있다. 다음이 여래가 해탈한 이유다. 그는 '나'와 '내것'이라고 말하는 것에 대해, 아만에 대해 모든 착각들(maññita), 모든 혼란들, 모든 의향들(anusaya)을 파괴했기 때문이다.

바차곳타가 묻는다. 그와 같이 해탈한 마음을 가진(vimuttacitta) 비구가 (사후) 가는 곳은 어디입니까? '재생하는 것'은 적절하지 않다. 그렇다면 재생하지 않습니까? '재생하지 않는 것'은 적절하지 않다. 그렇다면 재생하기도 하고 재생하지 않기도 하는 것입니까? '재생하는 것도 재생하지 않는 것'도 적절하지 않다. 그렇다면 재생하는 것도 아니고 재생하지 않는 것도 아닙니까? '재생하는 것도 아니고 재생하지 않는 것도 아니라는 것'도 적절하지 않다. 바차곳타는 더 이상 아무것도 이해하지 못하고 이제 완전히 혼란스럽다고 말한다. 이에 대한 대답은 다음과 같다. 이것은 심오하고(gambhīra) 꿰뚫기 어려우며 고양되고 추론으로 도달할 수 없으며 미세하고 오직 현자에게만 이해되는 것이다. 다른 견해와 흥미를 가진 그대에게 이것은 이해하기 어려운 것이다. 이 때문에 나는 그대에게 물을 것이다. 그대는 어떻게 생각하는가? 만약 불이 그대 앞에서 타고 있을 때 그때 그대는 불이 그대 앞에서 타고 있다는 것을 아는가? 예, 나는 그것을 압니다. 만약 어떤 사람이 이 불은 무엇을 연료로 그대 앞에서 타고 있는가 하고 묻는다면 그대는 어떻게 대답할 것인가? 내가 그런 질문을 받는다면 내 앞에서 타고 있는 이 불은 풀이나 나무를 연료로 타고 있다고 대답할 것입니다. 만약 그대 앞에서 불이 꺼졌다면 그대는 내 앞의 이 불이 꺼졌다(nibbuta) 하고 알 것인가? 알 것입니다. 만약 어떤 사람이 그대 앞에 꺼진 그 불이 동서남북 어디로 갔는가 하고 묻는다면 그때는 어떻게 대답할 것인가? 그것은 적절하지 않습니다. 풀이나 나무를 연료로 타버린 불은, 연료가 다 탄 후 더 이상 연료가 없기 때문에 꺼졌다고 합니다. 정확히 동일한 방식으로 바차곳타여, 여래라고 지시됐던 가시적 형태, 느낌, 통각, 성향들과 지각이 영원히 버려지고 뿌리가 뽑혔다. 이제 여래는 더 이상 그것들에 의해 지시될 수 없다. 그는 이제 대양처럼 깊고 측량할 수 없고 깊이를 잴 수 없다. '재생하는 것'도 적절하지 않고 '재생하지 않는 것'도 적절하지 않고 '재생하기도 하고 재생하지 않기도 하다는 것'도 적절하지 않고 '재생하는 것도 아니고 재생하지 않는 것도 아니라는 것'도 적절하지 않다.

해탈한 사람의 사후 생존과 관련한 네 가지 입장의 부정과 관련해서 인용한 세 경전을 음미해볼 때 다음과 같은 점을 확인할 수 있다. DN 2에서는 이 정형구의 사용이 비판된다(아마도 해탈한 사람이 사후에 존재한다고 확신했기 때문일 것이다). MN 63에서, 이 정형구는 붓다가 논의하기를 거부하고 4성제만이 중요하다고 했던 질문에 포함되어 있다. MN 72에서는 식별적 통찰이 방법이 나타나고 이제 붓다 자신이 이 정형구를 해탈한 사람이 소멸한다는 견해를 피하기 위해 사용한다. 꺼진 불의 예[24]는 진정한 종말은 구성요소에 비유되는 연료이지 해탈한 사람에 비유되는 불이 아니라는 것을 명확히 보여준다. 후자는 더 이상 지시될 수 없고 그러므로 '꺼졌다'라고 불린다. 동일한 것이 '여래는 … 이제 대양처럼 깊고 측량할 수 없고 깊이를 잴 수 없다'[25] 고 말해진다.

네 가지 입장은 또한 식별적 통찰의 발생과 연관해서 피할 수 없는 두 번째 질문에도 적용할 수 있다. 무상한 사물과 그 사물의 연장으로 보이는 결과 사이의 관계는 무엇인가? 여기에서 바람직하지 않은 이론은 피해야 하지만, 어느 정도의 이론은 가능하다. '무상하다'는 술어는, 구성요소와 결합해서 사용할 때 '영속적'이라는 개념을 불가능하게 만든다. 그러나 '무상함' 자체는 절대적으로 타당한가? 결코 아니다. 구성요소는 해탈의 순간에 종식되는 지속성을 가지기 때문이다.

다섯 구성요소로 정의된 고통 및 그것과 연관된 즐겁지 않은 경험은, 연기의 기술에 따르면, 지속적으로 산출되고 산출하며 결론적으로 영원하지 않다. 다시 말하면 그 자체로 동일하지 않다. 그러나 그것은 뒤따라오는 것이 완전히 다른 어떤 것으로 간주될 정도로 임의적으로 무상하지는 않다. 특정한 결과는

....

24 프라우발너(1953, 226)는 꺼진 불의 예가 고대 인도에서는 완전한 소멸을 암시하지 않는다는 설득력 있는 증거를 제시했다. 또한 F. O. 슈라더(Schrader), *Die Fragen der Königs Menandros*, Berlin(1907), p.153 주137도 참조.

25 다른 경전(SN 22, 85: 화자는 사리풋타이다)은 루(漏)가 파괴된 사람은 사후에 존재하지 않는다고 주장하는 특정한 야마카의 견해를 역시 여래가 불가해하다는 것을 지적함으로써 비판한다. 그러나 그 경전은 해탈한 사람은 이미 어디서도 파악할 수 없다고 서술한다. 그는 구성요소와 동일하지도, 다르지도 않고 구성요소로 존재한다는 것이 결정되지도 않는다. MN 22 I p.140 참조: 나는 여래를 이미 이 세상에서 발견되지 않는 자라고 부른다.

이전에 존재한 특정한 사물의 결과로서만 존재할 수 있다. 이 인과성을 동일성과 차이의 결합('A이면서도 B')이라는 수단으로 서술하는 것이 가능할까? 이것은 모순으로 귀결될 것으로 보인다. 혹은 동일성과 차이, 양자의 부정이 적절한 혹은 기껏해야 최선의 서술일까? 이것은 단지 동일성과 차이가 모든 것이 우연적으로 발생한다는 견해를 지지하기 위해 사용될 수 있는 방식으로 부정되지 않을 경우에만 그럴듯해 보일 뿐이다. 나는 이 문제를 두 경전을 통해 예증하고자 한다.

첫 번째 경전 SN 12.17은 고통이 1) 자기 자신에 의해 야기되는가, 2) 다른 것에 의해 야기되는가,[26] 3) 자기 자신 및 다른 것에 의해 야기되는가, 4) 자기 자신에 의해서도 야기되지 않고 다른 것에 의해서도 야기되지 않는, 우연적인 발생인가 하는 아첼라 카사파의 질문을 서술하고 있다. 붓다는 네 가지 모든 질문에 대해 아니라고 대답했다고 한다. 그러나 이것이 어떤 고통도 존재하지 않는다는 것을 의미하지는 않는다. 네 가지를 모두 부정하는 설명이 뒤따른다. 만약 동일한 [사람이 고통을] 야기하고 또한 [그것을] 경험한다면(so karoti so paṭisaṃvedayati), 고통이 자기 자신에 의해 야기된다는 것과 영원한(sassata) 어떤 것을 함축한다는 입장이다. 만약 어떤 [사람이 고통을] 야기하고 다른 사람이 [그것을] 겪는다면(añño karoti añño paṭisaṃvedayati), 고통이 다른 것에 의해

26 자기 자신에 의한 발생(sayaṃkataṃ)과 다른 것에 의한 발생(aparaṃkataṃ)(네 번째 입장에서는 kataṃ 대신 kāraṃ이 사용되었다)이라는 단어는 아마 경험의 대상이 자기 자신에 의해 야기되는가 혹은 다른 것에 의해 야기되는가 하는 단순한 질문에서 왔을 것이다(SN 12.17에서 네 가지 모든 입장을 거부하는 데 대해 주어진 설명 참조). 그러나 여기서 인용된 두 경전에서 그것은 오직 고통(SN 12.17)과 노사 등(SN 12.67) 문장의 주어에만 적용된다. 이 이면에 있는 이유는 아마도 연기의 한 국면과는 별개로 존재하는 사람을 암시하는 것을 피하기 위한 것이다.

야기되고 소멸(uccheda)을 함축한다는 입장이다. 영원성과 소멸은 극단이다. 양 극단을 피하면서 그리고 '무명을 조건으로 성향들이 [발생하고], 성향을 조건으로 지각이 (발생한다)'고 말하면서 붓다는 중도적인 수단에 의한 가르침을 선언했다(majjhena tathāgato dhammaṃ deseti).

우리는 경전이 이론적인 중도에 도달한 것을 본다. 자기 자신에 의해 야기된 것과 다른 것에 의해 야기된 것이라고 하는 피해야 할 두 극단만이 마지막에 언급된다. 이것은 네 번째 입장을 지시한다(자기 자신에 의해서 야기된 것도 아니고 다른 것에 의해서도 아닌 것). 고통의 의존적 발생에 관한 서술을 이론적으로 유지하고자 한다면 그 상황을 다루는 다른 방법은 명백히 없다. 그러나 방금 언급한 문장의 앞 문장에서 네 가지 모든 가능성이 거부된 것은 놀라운 일이다. 앞서 네 번째 입장을 거부한 것에는 어떤 모순도 없다. 그것은 형식적으로 부정확하게 해석되었기 때문이다(자기 자신에 의해서 야기된 것도 아니고 다른 수단에 의해서 야기된 것도 아닌 것은 우연히 존재하는 것이고 당연히 거부되어야 한다). 그러나 후대에 채택된 중도가 네 번째 입장으로서 초기에 사용되지 않고, 거부되지 않은 것은 이상하다. 이 경우에는 전통이 역할을 했을 것이다. 네 가지 입장에 포함된 모든 것을 거부하는 데 익숙한 것이다. 또한 우연적 발생 이론을 비판하기를 원했을 가능성도 있다.

내가 논의하고 싶은 두 번째 경전(SN 12.67: 마하코티카가 질문하고 사리풋타가 대답한다)은 첫 번째 경전의 논법을 이어간다. 위에서 언급된 네 질문과 유사하게 12연기(10장 참조)의 특정한 개념과 관련해서 그것이 스스로 발생하는가 혹은 다른 것에 의해 발생하는가 하고 질문한다. 노사는 자기 자신에 의해 발생하는가 혹은 다른 것에 의해 발생하는가, 양자에 의해서인가, 둘 다 아닌가? 탄생은 자기 자신에 의해서 발생하는가 혹은 다른 것에 의해 발생하는가, 양자에 의해서인가, 둘 다 아닌가? 생존은 자기 자신에 의해 발생하는가 혹은 다른 것에 의해 발생하는가, 양자에 의해서인가, 둘 다 아닌가? 대답은 다음과 같다. 노사는 자기 자신에 의해 발생하는 것도 아니고 다른 것에 의해 발생하는 것도 아니며 자기 자신과 다른 것, 양자에 의해서 발생하는 것도 아니고 우연히 발생한다는 [의미에서] 자기 자신에 의해 발생하지 않는 것도 아니고 다른 것에 의해 발생하지 않는 것도 아니다. 그럼에도 불구하고 노사는 탄생에 의존해서 [발생한다.] 비슷한 대답이 12연기의 이전 개념과 관련해서 주어진다. 매번 그것은 '그럼에도 불구하고(api ca)'를 포함한 문장으로 끝난다. '그럼에도 불구하고 탄생은 생존에 의존하여 [발생한다.]' '그럼에도 불구하고 생존은 집착에 의존하여 [발생한다]' 등등.

문답은 지각에서 끝난다. '그럼에도 불구하고 지각은 성향에 의존해서 [발생한다]'는 문장은 나타나지 않고, 앞서 명칭과 형태가 지각에 의존해서 [발생한다]고 했음에도 불구하고, '그럼에도 불구하고 지각은 명칭과 형태에 의존해서 [발생한다]'는 문장이 나타난다. 경전은 또한 마치 두 묶음의 짚이 서로 의지하는 것처럼 지각 및 명칭과 형태가 서로 지지한다고 서술한다. 만약 둘 중 하나를 쓰러뜨리는 데 성공한다면 다른 것과 그것에 의존하는 모든 것이 쓰러질 것이다. 만약 지각 혹은 명칭과 형태를 제거하는 데 성공한다면(어떻게 이것이 가능한지는 서술되지 않는다. 어두운 동굴에 사는 것에 의해? 자살에 의해?), 다른 것도 제거될 것이고 나머지 연기의 조건들 또한 그럴 것이다.

그러나 여기서 우리의 관심은 다소 기묘한 이 계열의 첫 부분에 대한 것이 아니다[27](이것은 경전의 끝 부분에서 무명으로 시작하는 것에 의해 대체된다).

나는 오직 질문과 대답에서 (지각에 이르기까지) 연기의 전통적 개념이 이론적인 중도로 지시될 수 있는 일종의 관계로 결합된다는 것을 지적하고자 한다.

나는 이것을 노사(그리고 이 계열의 다른 모든 개념들)가 자기 자신에 의해 발생하지 않고 원인과 결과는 동일한 것이 아니라는 것으로 해석한다. 또한 노사는 다른 어떤 것 – 그것과 전혀 관계가 없는 것 – 에 의해서도 발생하지 않고, 따라서 원인과 결과가 완전히 다른 것도 아니다. 노사는 자기 자신 및 다른 것, 양자에 의해서도 발생하지 않는다. 이것은 모순이고 긍정적 서술과 부정적 서술 모두가 주어질 수 있는 국면들이 보이지 않기 때문이다. 마지막으로 늙음과 죽음은 우연적으로 발생한다는 의미에서 자기 자신과 다른 것 모두에 의해 발생하지 않는 것도 아니다. 이런 방식으로 네 가지 입장을 일반적으로 거부하는 것처럼 나타난다. 그러나 목적이 인과관계를 설명하려는 것인 한, 거부에 있어서 충분히 급진적이지 않고 그럴 수도 없다. 네 번째 질문과 대답은 중도라는 관점에서 일종의 이론을 형성할 가능성을 열어둔 방식으로 정형화한다. 이것은 '그럼에도 불구하고'라는 가능성을 허락한다. 그럼에도 불구하고 노사는 탄생에 의존해서 [발생한다.] 만약 형식적으로 부정확한 방식으로 네 번째 입장이 우연적 발생을 포함한다면 그것은 거부되어야 한다. 그러나 그것은 그렇게 거부되지 않는다. 노사(따라서 연기의 나머지 개념들, 마지막으로 모든 사물들)는 특정한 원인에서 발생한다. 그러나 원인과 결과는 같은 것도 아니고 다른 것도 아니다.

....

27 이 계열의 정형화에 관한 가능한 동기에 대한 내 견해는 10장에서 나타난다. 그것이 매우 이상하기 때문에 12연기보다 앞선 것이라는 주장은 나를 설득시키지 못한다.

영역 명상은 아마 비불교도 집단에서 유래했을 것이다. 거기에서 지각의 무한성이라는 영역의 개념에 관한 이유를 찾을 수 있다. 이 이유와 관련해서 영역 명상으로 이행하기 위한 준비 과정으로 보이는 교묘한 정려 명상이 힌트를 준다. 두 번째 문제, 곧 아무것도 없다고 하는 영역에서 통각이 있는 것도 아니고 통각이 없는 것도 아닌 것이라는 영역으로의 이행은 더 어렵다. 이러한 종류의 명상이 채택될 시기에 이 문제에 대해서 어떻게 생각했는가는 명확하지 않다.

Part III 영역 명상

/ 12 /

더 인위적인 명상 형태

앞의 두 장에서는 주로 식별적 통찰의 도입 결과 나타난 이론적 문제를 다루었다. 식별적 통찰은 욕망 및 그 외의 다른 루(漏)를 파괴하고 따라서 재생을 종식하는 수단이다. 가장 오래된 교리에서 현재의 삶과 관련한 가장 중요한 요소인 동요하지 않는(akuppa) 마음의 해탈은 이 맥락에서는 더 이상 언급되지 않는다.[1] 그러나 '동요하지 않음'에 대한 언급 없이 마음의 해탈(cetovimutti)을 설하는 경전이 있다(예를 들어 MN 119 끝에서). 나아가 경전은 루를 파괴함으로써 식별적 통찰에 의한 해탈로 구성된 순수한 마음의 해탈을 이미 이 세상에서 획득할 수 있다고 서술한다(āsavānaṃ khayā anāsavaṃ cetovimuttiṃ paññāvimuttiṃ diṭṭhe va dhamme sayaṃ abhiññā sacchikatvā upasampajja viharati). 이것은 어떤 단계에서는 설득력이 있다. 식별적 통찰을 통해 발생하는 이욕이 사후에만 타당한

1 그러나 『랄리타비스타라』(ed. Lefmann p.418)와 『마하바스투』(ed. Senart p.333)에서는 동요하지 않는(akopya), 마음의 해탈(cetovimukti), 그리고 식별적 통찰에 의한 해탈(prajñāvimukti)의 결합이 나타난다.

것이 아니라 현재의 삶에도 해탈적인 영향을 끼치기 때문이다. 그러나 이것이 원래의 정려 명상 및 무량의 실천(7장)과 결합된 동요하지 않고 모든 것을 포함하는 마음의 해탈은 아니다.

이것을 충분한 것으로 받아들이지 않은 사람들이 있었다고 가정할 수 있다. 그들도 더 이상 오래된 정려 명상에 접근하지는 않았지만, 모든 통각의 소멸을 정점으로 하고 육체적 고통에 무감각한 (원래는 비불교도가 실천한) 명상 상태를 알고 있었다. 그들은 이들 상태를 4정려의 체계(정확히 오래된 체계는 아니지만)에 첨가함으로써 접근할 수 있게 하는 수단을 발견했다.

4정려를 경과한 후 접근 가능하다고 간주된 네 명상 단계는 다음과 같다.

1. 공간(ākāsa)의 무한성이라는 영역
2. 지각(viññāṇa)의 무한성이라는 영역
3. 아무것도 없는 것이라는 영역
4. 통각(saññā)이 있는 것도 아니고 통각이 없는 것도 아닌 것이라는 영역

가시적 형태에 대한 통각이 없는 이들 영역(āyatana)에 대한 정보는 많지 않지만 어떤 문장에서는 순차적이라는 관념을 가졌다고 서술된다. 예를 들어 MN 111(III p.27)에서는 다음과 같이 서술한다. "… 모든 방식으로 가시적 형태에 대한 통각(rūpa-saññā)을 극복함으로써, 저항이 있는 것과 관련한 [모든] 통각(paṭigha-saññā)의 소멸을 통해, 다양한 형태[의 사물]에 대한 통각(nānatta-saññā)에 어떤 주의도 돌리지 않음으로써 공간의 무한성이라는 영역(다시 말하면 통각)에 도달하여 잠시 머문다. '공간은 무한하다.' 모든 방식으로 공간의

무한성이라는 영역을 극복함으로써 지각의 무한성이라는 영역(다시 말하면 통각)에 도달하여 잠시 머문다. '지각은 무한하다.' 모든 방식으로 지각의 무한성이라는 영역을 극복함으로써 아무것도 없는 것이라는 영역(다시 말하면 통각)에 도달하여 잠시 머문다. '아무것도 없다.' 모든 방식으로 아무것도 없는 것이라는 영역을 극복함으로써 통각이 있는 것도 아니고 통각이 없는 것도 아닌 것이라는 영역에 도달하여 잠시 머문다."

이런 식으로 순차적이라는 관념을 가졌다고 서술했을 때, 나는 가시적이고 다양한 형태라는 통각에서 허공의 무한성이라는 단순한 통각으로 이행한 것뿐 아니라 (지각의 무한성을 거쳐) 아무것도 없는 것이라는 좀 더 단순한 통각으로 이행한 것도 지시한다. 그러면 어떤 통각의 가능성도 없는 '영역'(통각이 있는 것도 아니고 통각이 없는 것도 아닌)이 뒤따른다는 것은 이해할 수 있는 것으로 보인다. 그러나 어떻게 이 마지막 단계에 도달하는가는 명확하지 않다. 그리고 공간의 무한성이라는 영역과 아무것도 없는 것이라는 영역 사이에 놓인 지각의 무한성이라는 영역도 수수께끼다.

우선 지각의 무한성이라는 문제를 다루고자 한다. 영역 명상은 아마 비불교도 집단에서 유래했을 것이다. 거기에서 지각의 무한성이라는 영역의 개념에 관한 이유를 찾을 수 있다. 이 이유와 관련해서 영역 명상으로 이행하기 위한 준비 과정으로 보이는 교묘한 정려 명상이 힌트를 준다. 두 번째 문제, 곧 아무것도 없다고 하는 영역에서 통각이 있는 것도 아니고 통각이 없는 것도 아닌 것이라는 영역으로의 이행은 더 어렵다. 이러한 종류의 명상이 채택될 시기에 이 문제에 대해서 어떻게 생각했는가는 명확하지 않다. 그것이 명확해지기 시작할 때 이미 상대적으로 후대의 경전과 만나고 또한 통각이 있는 것도 아니고 통각이 없는 것도 아닌 것이라는 영역 뒤에 (모든) 통각들과 느낌들의 소멸(saññāvedayita-nirodha)[2]이라는 부가적 단계와 마주친다. 나는 마지막 단계로의 이행에 관해서 이들 후대의 경전과 『청정도론』에 근거하여 서술할 것이다. 우리는 여기서 원래는 비불교적 명상의 정점이 성공적으로 동화된 것을 볼 수 있다. 그 동화는, 비록 대부분의 자료에서는 문자적(literary) 주제 이상은 아닐 것이지만, 실천을 반영하는 것이다.

지각의 무한성이라고 알려진 기묘한 명상 단계는 경전에 나타난 몇몇 문장에서(예를 들어 MN 112, III p.31 혹은 SN 18.9) 여섯 요소 이론이 언급된 것을 고려하면 더 잘 이해할 수 있다. 이 이론에서 일반적인 네 요소 곧 흙, 물, 불, 바람에 공간과 지각이 뒤따른다. 일반적으로 이 여섯 요소는 다섯 구성 요소와 마찬가지로 무상하고 불만족스럽고 무아인 것으로 간주된다. 그러나 어떤 문장에서(DN XI 마지막 부분) 지각은 거친 네 요소보다 훨씬 위에 위치하고 보이지 않고 한계가 없는 것(ananta, MN 49, I p.329 참조)[3] 으로 간주된다. 이러한 진술은

....

2 이 사실이 통각과 느낌의 소멸 그 자체가 이들 경전과 마찬가지로 후대의 것이라는 것을 의미하고 싶지는 않다. 나는 이 상태를 이전에는 언급하지 않았다. 이 상태가 통각이 있는 것도 아니고 통각이 없는 것도 아닌 것이라는 영역 이후에 와야 한다는 개념이 불교 자체 내에서의 발전으로 나타나기 때문이다. 부록의 결론과 비교하라.

산냐(saññā)를 '관념(ideation)' 대신 '통각'이라고 번역함으로써 나는 산냐(saññā)가 없는 상태는 어떤 관념도 없는 것 이상으로 보인다는 것을 표현하고자 했다. 그것은 어떤 대상도 명확히 인식하지 못하는 상태로 보인다. 반면 그런 상태에 도달하고자 하는 시도와 관련해서 사용될 때 산냐(saññā, 그리고 산자나티(sañjānāti), 이 장 아래에 인용된 문장과 주9를 보라)는 추상적인 관념과 존재하지 않는 대상에 대한 사고를 포함한다(일상적인 용법에 대해서는 9장 주42 참조). 첫 번째 의미와 관련해서 슈미트하우젠(1981)은, 대체로 요한슨(Johansson)이 제안한 'ideation'을 따르면서, 대상에 대한 명확하고 뚜렷한 의식 혹은 통각(p.214 주51)과 뚜렷한(곧 개념적인) 의식으로 설명한다.

우파니샤드에 나타난 대아 혹은 브라흐만에 대한 약간의 서술과 대응한다(예를 들어 Bṛhadāraṇyaka II 4 12 … idam mahad bhūtam anantam … vijñānaghana eva, Taittirīya II 1 … satyaṃ jñānam anantam brahma). 만약 대아와 요소들 사이의 관계에 대해 우파니샤드를 살펴본다면 타이티리야 우파니샤드(II 1)에서 먼저 이 자아(ātman)에서 공간[혹은 에테르](ākāśa)이 발생하고, 다음으로 공간에서 바람이, 다음으로 바람에서 불이, 다음으로 불에서 물이, 마지막으로 물에서 흙이 (그리고 흙에서 식물, 음식, 인간이) 발생한다는 관념이 나타난다.

이러한 유출의 관념과 나란히 브리하드아란야카(II 4 12: etebhyo bhūtebhyaḥ samutthāya tāny evānuvinaśyati)에서는 지각－생기의 요소－이 생물에서 응고하여 다른 요소들을 구성하고('이 생물을 위해 발생하고'), 생물이 (다른 요소로 해체될 때) 다시 대요소로서의 지각으로 해체된다는 교리의 흔적이 나타난다. 이 교리에서는 생물이 불멸로 흡수될 수 있지만 사후에 어떤 개체성도 남아 있지 않고 자신의 불사에 대한 어떤 통각도 갖지 않는다(na pretya saṃjñāsti).[4]

'지각'이 개체적인 측면과 우주적인 측면 양자를 갖고 있다는 것을 안다면 왜 그것이 무한한 것으로 나타날 수 있는가가 명확해진다. 그것은 우주적 측면에서 무한하다. 아마 공간과 지각을 다른 모든 요소를 포괄하는 일종의 덮개로 간주할 수도 있을 것이다. 그러나 불교가 영역에 관한 명상을 편입시켰을 때, '지각'은 더 이상 능가할 수 없는 최고의 요소는 아니었을 것이다. 아무것도 없

....

3 DN 2(I p.76)과 MN 77(II p.17)에서 신체는 네 가지 동의어를 통해 무상한 것이라고 불리는 반면 신체에 나타난 지각(viññāṇa)이 무상한 것으로 불리지 않는 것도 충격적이다(SN 55.21 참조).

4 P. 티메(Thieme), *Upanischaden*, Ausgewählte Stücke, Stuttgart(Reclam Universal Bibl. 8723) 1971, 70-71. 참조.

다고 하는 영역이 무한한 지각이라는 영역을 능가한다. 게다가 불교도는, 특히 통각이 있는 것도 아니고 통각이 없는 것도 아닌 영역으로 진행한다는 점에서 명확하듯이, 명상 단계라는 관점에서 사고하고 있다. 따라서 특별한 '영역'이 객관적으로 어떤 것에 대응하는가 그리고 명확히 어떤 것이란 무엇인가 하는 질문은 그다지 중요한 역할을 하지 않았을 것이다.

만약 공간과 지각의 무한성이라는 영역이 여섯 요소 이론에 근거하고 있다는 가정이 맞다면 거친 요소에 대한 명상의 흔적도 발견할 수 있을 것이라고 예상할 수 있다. 실제로 그것은 오래된 경전(예를 들어 MN 77 II p.14 혹은 AN 10.3.5)의 문장에서 언급되고 가장 권위 있는 상좌부 전통의 요약인 『청정도론』에서 중심적인 명상이 된 '변처(Kasina) 영역'(P. kasiṇāyatana, S. kṛtsnāyatana, 아마도 문자 그대로는: 단일체의 영역)에서 발견할 수 있다. 고대에는 열 가지 카시나가 있었다. 흙, 물, 불, 바람, 푸른색, 노란색, 붉은색, 흰색, 공간과 지각이다. 보다시피 네 가지 기본 색이 네 가지 거친 요소와 공간 및 지각 사이에 놓여 있다.[5] 오래된 정형구에 따르면, 열 가지 카시나 각각을 '위로, 아래로 그리고 둘레에서 단일하고 무한한 것으로' 인식하도록 되어 있다(paṭhavikasiṇam [etc.] eko sañjānāti uddhaṃ adho tiriyaṃ advayaṃ appamāṇaṃ). 대상을 무한한 것으로 인식하는 것이 관련되는 한, 이것은 제7장에 나타난 '무량'에 관한 훈련과 유사하다(그러나 마음의 상태와 관련한 것은 아니다). 그러나 『청정도론』에서는 더 이상 카시나 영역이 무량한 것으로 나타나지 않는다. 심지어 그것은 다음과 같은

5 네 가지 색을 제외한 여섯 요소을 사용하는 명상에 대해서는 AN 10.1.6.-7과 AN 11.1.7-9를 보라.

기술적 성격을 갖는다. 먼저 한정된 크기의 진흙(반듯한 원반형), 한정된 양의 물(접시에 담긴) 등에 집중하고, 여기서 출발하여 여러 정려 단계를 거친다. 무한성은 이 방법에 의해 제4정려에 도달했을 때 비로소 주제가 되고 수행자는 모든 가시적 형태를 결여한 명상의 영역으로 계속 가고자 한다. 무한성은 공간과 지각에만 관련되어 있다. 열 가지 카시나 각각은 정려를 산출하는 데 사용된다. 그러므로『청정도론』은 오래된 일련의 카시나 중 마지막 두 예인 공간과 지각을 (한정된 양의) 빛과 한정된 공간에 대한 집중으로 대체한다는 점에서 수미일관하다.

이제 위에서 언급한 두 번째 문제, 곧 아무것도 없는 것이라는 영역에서 통각이 있는 것도 아니고 통각이 없는 것도 아닌 것이라는 영역으로의 이행으로 넘어가 보자. 통각의 경계에 놓여 있는 후자의 영역을 고려할 때, 대부분의 자료는 통각과 느낌의 또 다른 (완전한) 소멸(saññāvedayita-nirodha)을 언급한다. 물론 이행의 문제는 이 단계도 많이 다룬다. '통각과 느낌의 소멸'은 아마도 원래는 가시적 형태를 결여한 영역에 속하지 않았을 것이고, 따라서 불교가 새로 채택한 것이다. 아마도 한때는 통각이 있는 것도 아니고 통각이 없는 것도 아닌 것이라는 영역이 같은 것을 의미했을 것이다.[6] '통각이 있는 것도 아니고 통각이 없는 것도 아닌 것이라는 영역'이라는 이름은 아마 훨씬 근본적인 의미를 가졌을 것이다(부록 참조). 어떤 사람들은 이 단계가 구원으로 이끌지 못한다고 비

6 브롱코스트, *Two Traditions* 77 참조.

판했다. 이 비판이 붓다의 전기에 반영되었고 이런 방식으로 알려지게 되었다.[7]

아마도 식별적 통찰의 방법이 이미 지배적이 되었을 때 어떤 사람들은 이 불모지를 활용하고자 했고 '통각과 느낌의 소멸'에서 아직 어떤 비판도 제기되지 않은 단계(혹은 그보다는 이름)를 발견했다. '통각이 있는 것도 아니고 통각이 없는 것도 아닌 것이라는 영역'은 이제 그저 마지막 한 단계에 지나지 않고 그것에 관한 기술은 통각을 더 근본적으로 부정하는 것을 허용하는 중도적 형식화로 이해되었다. 이런 방식으로 식별적 통찰을 통한 이욕을 넘어선 마음의 해탈[8]을 구하려는 노력을 표현할 수 있게 되었고, 그것은 일부가 가정하듯, 모든 변화하는 심리 현상을 넘어서 있는 열반을 현세에서 접촉하게 하였다.[9]

원래 모든 의도가 통각의 소멸로 향한 것일 개연성이 높다.[10] 이러한 소멸

....

7 이것은 붓다가 정각 이전에 아라다 칼라마(Ārāḍa Kālāma)와 함께 있을 때는 아무것도 없는 것이라는 영역에 도달하고 우드라카 라마푸트라(Udraka Rāmaputra)와 함께 있을 때는 통각이 있는 것도 아니고 통각이 없는 것도 아닌 것이라는 영역에 도달했지만 해탈하지는 못했다는 유명한 일화를 가리킨다. 문헌학적 논의(바로, 1963, 13-27; 브롱코스트, *Two Traditions*, 80 참조)는 이 이야기의 신빙성을 의심하게 한다.

8 MN 43에 나타난 '통각의 대상(nimitta)이 없는 마음의 해탈'(animittā cetovimutti)이라는 개념과 MN 43과 121, DN 16(II p.100) 그리고 AN 6.6.6(III p.397)에 나타난 '통각의 대상(nimitta)이 없는 마음의 집중'(animitto cetosamādhi)이라는 개념은 명확히 통각과 느낌의 소멸과 동일하거나 거의 유사한 것을 의미한다. 그러나 이 마음의 해탈은 명백히 오래된 정려 명상에서 유래하는 것과 같은 것은 아니다.

9 그것은 『청정도론』(ed. Warren/Kosambi 1950 p.607) 23장에서 매우 분명하다: … diṭṭhe va dhamme acittikā hutvā nirodhaṃ nibbānaṃ patvā … 이 맥락에서 AN 6.5.4(III p.356)에 나타난 다음과 같은 진술을 언급할 수도 있다. 교리에 몰두하는 사람과 달리 정려에 든 사람(jhāyin), 그리고 식별적 통찰을 구사하는 사람은 자신의 몸으로 불사의 영역에 접촉하는 상태에 머문다(amataṃ dhātum kāyena phusitvā viharanti): "Musīla et Nārada" by L. de La Vallée Poussin, Mélanges chinois et bouddhiques 1936-1937, 189-222과 비교하라. 그러나 이것은 원래의 정려 명상을 가리키기도 한다.

10 DN 9(I p.184)의 한 곳을 언급할 수도 있다. 거기서 아무것도 없는 것이라는 영역-통각의 정점(saññagga)에 도달한 비구는 다음과 같이 생각한다. 나는 더 이상 생각하지 않는 것이 좋다. 만약 내

이 특정한 지점, 곧 소멸시키려는 의식적 노력은 모순된 결과를 가져오고, 오히려 의식적 노력 대신 반복적 습관이 도움이 되는 지점에 도달했을 것이라는 것은 당연할 것이다. 그러나 고대의 자료에는 이 점에 관한 어떤 자료도 나타나지 않는다. 약간의 정보가 나타나는 것은 명백히 후대의 (일부) 경전이다. 여기서는 의심할 바 없이 식별적 통찰의 영향을 받은 다소 다른 방법을 발견할 수 있다. 그러나 이들 문장들도 충분히 명확하지는 않고 그것이 『청정도론』에 나타난 증거를 요구하는 것이 타당하다고 생각하는 이유가 된다. 비록 『청정도론』은 대체로 A.D. 400년경에 저술되었지만, 내 의견으로는 식별적 통찰의 영향을 받은 방법을 아주 잘 보존하고 있다.

『열반경(Parinibbāna-sutta)』(SN 6.15)과 DN 16의 끝에 상대적으로 부드럽게 통각을 결여한 상태로 이행하는 것에 대한 대립을 처음으로 암시하는 부분이 있다. 여기서는 초자연적 능력의 권위자로 간주된 아누룻다를 부르는 붓다의 마지막 순간이 묘사된다. 여기서 붓다는, 아마도 오래된 전통에 따라, 네 번째 정려에서 열반에 든다. 그러나 그 전에 붓다는 통각과 느낌의 소멸에 들어가고 이것이 기묘한 방식으로 나타난다. 먼저 붓다는 첫 번째 정려에 들어간다. 그 후 오래된 묘사와는 대조적으로 붓다는 그것을 버린다. 다음으로 그는 두 번째 정려에 들어가고 다시 그것을 버린다. 동일한 묘사가 세 번째와 네 번째 정려에도 주어진다. 같은 방식으로 붓다는 공간의 무한성, 지각의 무한성, 아무것도 없다는 것, 통각이 있는 것도 아니고 통각이 없는 것도 아닌 것이라는 영역으로

....

가 계속 생각한다면 이 [미세한] 통각을 잃고 다시 거친 통각이 일어날 것이다(… acetayamānassa me seyyo / ahaṃ ceva kho pana ceteyyaṃ … imā ca me saññā nirujjheyyuṃ, aññā ca oḷārikā saññā uppajjeyyuṃ).

진행한다. 이 마지막 영역도 버린 후 붓다는 통각과 느낌의 소멸로 들어간다. 이 상태도 버린 후 일련의 과정은 첫 번째 정려에 도달할 때까지 되돌아온다. 이 상태에서 붓다는 다시 위로 올라가고, 그때마다 다음 단계로 들어가기 전에 이전 단계를 버린다. 마침내 그는 네 번째 정려에 도달한 후 그것을 버린다. 그 후 그는 최후의 열반에 든다.

정려 상태에 들어가고 계속해서 버리는 이유는 MN 111을 살펴볼 때 명확해진다. 이 경전은 다소 이론적인데, 다른 더 좋은 자료가 없기 때문에 언급하는 것일 뿐이다. 그러나 그것은 후대에 『청정도론』 23장에 더 설득력 있게 묘사된 실천의 흔적을 갖고 있다. 그 흔적은 각 정려 단계와 각 영역을(경전은 이 상태에서 발생하는 열에서 열다섯 가지 심리적 요소를 언급한다) 발생한 후 사라지는 것으로 판단하는 점, 그리고 이것을 넘어서 해탈이 있다고 주장하는 점에 있다. 오직 (식별적 통찰과 관련된, 아래를 보라) 통각과 느낌의 소멸에 대해서만, 이 경전은 이것을 넘어서 해탈은 없다고 설한다. 그러나 이에 대한 논리적 해명은 이 경전에 나타나지 않는다. 이 상태에서도 (더 이상 특정한 것은 아닌) 심리적 요소가 발생하고 이것도 역시 발생하고 사라지는 것으로 판단되기 때문이다. 붓다가 사리풋타의 능력을 묘사하는 것으로 제시된 이 경전의 저자는, 통각이 있는 것도 아니고 통각이 없는 것도 아닌 것이라는 영역에서만 이 영역에 속하는 것으로 간주된 속성 – 더 이상 특정할 수 없는 것이다 – 을 판단하기 전에 먼저 이 상태를 벗어나야 한다고 서술한다. 만약 저자가 좀 더 주의 깊었다면 어떤 상태를 벗어나는 첫 과정을 언급했을 것이고 그것이 이미 첫 번째 정려에서 이루어진 것으로 판단했을 것이다. 이들 중 어떤 상태에서도 경전에서 말하듯이 이들 속성들이 사라지는 것을 관찰하는 것은 확실히 불가능하다. 그들 상태가 이들 속성들로 구성되어 있기 때문이다. 또한 심사와 숙고가 없는 두 번째 정려에 머무는 동안 그 상태의 속성을 확정하고 이들 속성이 무상하다고 판단할 수 있는가 하는 점을 이해하기도 어렵다. 내 견해로는, 이와 같은 부주의한 구성에도 불구하고 이 경전은 식별적 통찰로 관찰하기 위해서는 명상이 반드시 지속적으로 중단되어야 한다는 전통을 명확히 가리키고 있다. 그렇게 함으로써 이 단계로부터 이욕할 수 있다.

『청정도론』에서는 명상만을 수행하는 자는 기껏해야 통각이 있는 것도 아니고 통각이 없는 것도 아닌 것이라는 영역에 도달한다고 서술한다. 그러나 명상과 각 명상 단계에 대한 식별적 통찰을 결합한 자는 각 명상 단계를 버리는 습관을 얻는다. 이 습관은 의식적인 노력 없이 통각이 있는 것도 아니고 통각이 없는 것도 아닌 것이라는 영역을 벗어나도록 하고, 결과적으로 통각과 느낌의 소멸에 들어간다.

『청정도론』에서 통각과 느낌의 소멸은 심리적 과정이 없는 것으로 특징지어진 상태이고 발생과 소멸의 측면에서 생각되지 않는다. 앞 단계에 대한 식별적 평가는, 어느 정도까지는, 이 통각과 느낌의 소멸과 열반을 동일시하는 것을 정당화한다. 이 상태는 모든 종류의 육체적 고통을 넘어섰다고 말해지지만 이욕의 경우처럼 정신적 고통을 넘어섰다고는 말해지지 않는다. 『청정도론』에서 아라한과 불환은 통각과 느낌의 소멸에 도달할 능력이 있다. 불환은 하위 영역의 세계에 재생을 야기하는 원인을 파괴해서 이 영역으로는 '돌아오지 않는' 자다. 그는 상위 영역의 세계에 태어나고 거기서 열반에 든다. 따라서 『청정도론』에서 통각과 느낌의 소멸에 도달하는 데 사용된 식별적 통찰은 재생을 파괴하는 수단이 아니고 이 소멸의 상태 그 자체도 수단이 아니다. 그보다는 고도의 식별적 통찰을 많이 가지고 게다가 이러한 종류의 명상의 재능을 소유한 자가 통각과 느낌의 소멸에 도달할 수 있을 것이다.

그러나 이러한 방식의 명상과 식별적 통찰이 외형적으로 결합하지 않는 고대에서 이 단계와 구원을 찾는 과정이 어떤 결합관계가 있는가? 어떤 경전(예를 들어 MN 25와 26)의 끝에서 소멸의 상태에 도달한 것을 서술한 후 다음과 같은 모호한 정형구가 나타난다. "그가 식별적 통찰로 본 후 그의 루는 완전히 파괴되었다(paññāya c'assa disvā āsavā parikkhīṇā honti)." 아마 이 정형구에 대한 최선의 해석은 소멸의 상태를 그 자체로 끝이 아니라, 역시 그것을 재생으로부터 벗어나는 수단으로 간주하는 것이다. 이것을 식별적 통찰의 신봉자에게 전달하기 위해 그들은 그들의 반대자가 상투적으로 사용한 용어에서 재생으로부터의 해탈에 관한 그들의 확신을 정형화했다. 루는 이제 파괴되었다. 그리고 만약 당신들이 식별적 통찰에 의한 파괴만을 안다면 루는 이것(식별적 통찰)에 의해 파괴되었을 것이다.[11]

식별적 통찰을 소멸의 상태에 도달하는 수단으로 사용한 것의 첫 번째 흔적과 더불어, 이 상태 자체가 발생하고 소멸한다는 판단이 나타나고(MN 111 위를 보라. 그리고 MN 121), 이것이 모호한 정형구, 곧 심지어 이 상태의 무상성을 인식하면서 모든 루로부터 해탈한다는 것에 대한 훌륭한 설명이라고 제안할 수 있다. 나는 이 설명의 가능성을 부정하지 않지만 이 경전의 구조는 이러한 판

11 소멸에 도달했다고 하는 주장 뒤에 나오는 이 정형구는 디가 니카야와 삼윳타 니카야에는 나타나지 않는다(슈미트하우젠, 1981, p.216 n.5). 그것은 이 정형구와 관련된 주장을 이들 니카야를 따르는 그룹이 거부한 것으로 해석될 수 있을 것이다.

단에 대한 후대의 부가를 가리킨다.[12] 오래된 견해는 소멸의 상태에서 열반을 선취한다(그리고 열반을 발생하고 소멸하는 것으로 판단하는 것은 불가능하다)는 것으로 보인다. 『청정도론』에서도 이러한 해석이 나타난다. 그러나 여기에서 이 열반의 선취는 더 이상 재생으로부터 해탈하게 되는 수단이 아니다. 그것은 식별적 통찰을 통해 이 해탈에 도달한 것, 혹은 거의 도달한 것의 징후에 더 가깝다.

12 슈미트하우젠, 1981, p.217과 p.236 참조.

/ 13 /

생존의 세 영역

대부분의 불교 전승은 순수한 요소(와 색깔)에 대한 네 단계 명상과 그러한 순수한 형태를 넘어선 네 단계를 습득하고 최종적으로 통각과 느낌의 소멸에 도달할 수 있다는 강한 신념을 나타낸다. 그러나 일반적으로 이 가능성을 이용하는 것이 필수적이라고는 간주되지 않는다. 식별적 통찰(어떤 식으로는 명상을 예비과정으로 가질 수 있다)을 통한 구원만으로 충분하다. 그러나 순수한 형태 및 형태가 없는 것과 연관된 상태를 획득할 수 있다는 신념은 생존의 세 영역 혹은 층위로 세계를 구분하는 데 영향을 남기고 있다. 비록 때때로 진술들에 함축되어 나타나기도 하지만, 경장에서 이러한 구분은 몇 군데에서 발견된다(예를 들어 MN III p.63, DN III p.215).

1. 욕망의 대상의 영역(욕계, kāma-dhātu)
2. 가시적 형태의 영역[욕망을 유도하지 않는다](색계, rūpa-dhātu)
3. 가시적 형태가 없는 영역(무색계, arūpa-dhātu)

후대에 이러한 구분은 광범위하게 받아들여졌고 다음과 같이 설명되었다. 욕망을 유도하지 않는 가시적 형태의 영역은 4정려에 상응하는 네 층위로 구성된다.[13] 가시적 형태가 없는 영역(산스크리트어로는 대부분 ārūpya-dhātu)도 네 가지 영역 명상에 상응하는 네 층위를 가진다. 이런 방식으로 어떤 특정한 고려 아래 활용된 아홉 층위가 구성된다(욕계와 4색계와 4무색계).[14]

정신적 발전의 정도에 따라 이들 영역과 층위 중 한 곳에 재생한다.[15] 가시적 형태가 없는 영역에 속한 세 층위에서, 원래는 틀림없이 외적인 것으로 간주된 영역이 다른 방식으로, 곧 허공의 무한성이라는 영역, 지각의 무한성이라는 영역 그리고 아무것도 없는 것이라는 영역(12장 참조)으로 다시 외화된 것을 발견할 수 있다. 아마 '통각이 있는 것도 아니고 통각이 없는 것도 아니'라는 구절은 오직 정신적 '영역'만을 의미했을 것이다. 이것이 이제 또한 세계의 층위가 되었다. 그것은 [무상한] 생존의 최고 [영역](P. bhavagga, S. bhavāgra)이라고 불렸다.

세계의 최고층 위에는 모든 영역과 층위를 초월한, 모든 고통의 소멸이라

....

13 가시적 형태의 영역(rūpa-dhātu)이란 개념은 요소와 색깔에 대한 집중에서 유래하는 방법과 관련한 특별한 관념을 지시한다(12장 참조). 1장에서 사용된 정려 명상에 관한 문장에서는 이러한 관념에 대한 어떤 지시도 없다.

14 예를 들어 『구사론』 VI에 나타난 해탈도의 서술이다. 우주론에서 가시적 형태가 없는 영역의 층위는 가시적 형태의 층위 위에 놓이지 않는다는 것에 주의하라. 형태가 없는 영역에 태어나는 것이 결정된 사람은 그가 죽은 곳과 동일한 곳에서 네 층위 중 한 곳에 들어간다(『구사론』 III 3 p.112, 6). 여기에서 세계에서 가장 높은 장소는 가시적 형태의 네 번째 층위, 더 정확하게는 이 층위 중에서 제일 높은 장소인 색구경(色究境, Akaniṣṭha), 천신들의 거처다(『구사론』 III 2, p.111, 23).

15 더 많은 정보는 『구사론』 III 1-3 참조. 라못트, Histoire, pp.34-35와 타카사키 지키도(Takasaki Jikido), *An Introduction to Buddhism*, Tokyo, 1987, 133-136 참조.

는 다른 영역이 은유적으로 놓여 있다. 우다나 8, 1에서 종교적 열망의 목적이 이런 식으로 정의된다. 이것은 네 요소(욕망을 유도하지 않는 가시적 형태의 층위로 해석될 수 있다)와 네 영역(공간의 무한성 등)의 부정으로부터 연역될 수 있다. 이 최고 '영역'은 모든 상태를 초월한 '정신적 상태'의 일종의 외화다. 우다나 8, 1은 설한다. "비구들이여, 흙이 없고 물, 불, 바람, 공간의 무한성이라는 영역, 지각의 무한성이라는 영역, 아무것도 없는 것이라는 영역, 통각도 없고 통각이 아닌 것도 없는 것이라는 영역, 이 세상과 저 세상, 달과 태양이 없는 영역이 있다. 비구들이여, 나는 이것은 오지도 않고, 가지도 않고, 머물지도 않고, 사라지지도 않고 [다시] 나타나지도 않는 것이라 부른다. 이것은 근거가 없고, 운동이 없고, 지지가 없는 것(이라고 나는 부른다) 이것이 고통의 끝이다."

세상에는 네 종류의 사람(puggala)이 있다. 어둠에서 어둠으로 가는 자, 어둠에서 빛으로 가는 자, 빛에서 어둠으로 가는 자, 빛에서 빛으로 가는 자가 그것이다. 어둠에서 어둠으로 가는 자는 찬달라, 바구니 만드는 사람, 사냥꾼 등 음식과 옷이 거의 없는 가난한 하층계급 가계에 재생한다(paccājāto). 게다가 그 사람은 추하고 불구자다. 그리고 이 사람은 몸과 말과 생각으로 악하게 생활하고 사후에 하계로 간다. 어둠에서 빛으로 가는 자도 찬달라 등 하층계급의 가계에 태어나고 추하고 불구지만, 몸과 말과 생각으로 선하게 생활하고 사후에 천상의 세계로 간다.

Part IV 업

/ 14 /

고대의 업

산스크리트어인 카르마(karma, P. kamma)는 '행위'를 의미한다. 종교적인 맥락에서 그것은, 직접적으로 보이는 결과와는 별개로 대부분 어느 정도 시간이 경과한 후, 일반적으로 사후에 그 결과를 낳는 행위를 가리킨다. 종종 그러한 행위에 의해 남겨져서 나중에 결과를 산출하는 잠재적인 힘을 가리키기도 한다. 심지어 그 결과에 대해서도 업이라는 단어가 때때로 사용된다.

이 장에서 나는 붓다와 그의 첫 제자에 의해 채택되고 풍부해진 것이 틀림없는 업에 대한 관념을 묘사하고자 한다. 이것은 먼저 재생에 관한 고대불교의 견해와 아지타 케사캄발라의 의견 및 가장 오래된 베다 자료를 대비함으로써, 그리고 그 결과 불교에 따르면 선행은 천상으로 이끌고 악행은 하계로 이끄는 것임을 확립함으로써 수행될 것이다. 다음으로, 비록 선행이 천상으로 이끈다는 것을 믿었음에도 불구하고, 붓다가 재생으로부터 구원을 위해 분투했던 몇 가지 이유가 제시될 것이다. 이와 관련하여 『빛과 어둠에 관한 경전』이 인용될 것이다. 선행과 악행이 원래는 다만 천상과 하계에만 관련된다는 것은 잘 알려진 천안의 정형구에 의해서도 증명될 수 있다. 다음으로 의도와 행위의 차이에 관해, 행위가 선하거나 악한 것으로 결정되는 원리에 관해, 그리고 이 원리로부터 도출되는 평신도를 위한 중요한 규율을 논의할 것이다. 이것은 천상이나 하계로 혹은 — 가장 오래된 기록에서 발견되지는 않지만 붓다 자신에 의해 곧 도입된 것이 틀림없는 — 인간 세상에서 좋거나 나쁜 상황으로 이끄는 예에 의해 실증될 것이다.

이제까지 업에 크게 주목할 만한 이유는 없었다. 업은 앞 장들에서 토론된 구원의 기획에서 언급되지 않았기 때문이다. 이들 기획은 업을 재생에 대한 유일한 혹은 하나의 원인이라고 간주하지 않았다. 10장에서는 12연기에서 행(saṅkhārā)·유(bhavo)가 원래 업을 의미했을 가능성에 대해 논의하고 그것을 부정하였다.

그러나 붓다는, 해탈하지 않은 사람의 경우, 선행은 사후에 좋은 결과로 이끌고 악행은 나쁜 결과로 이끈다는 것을 믿었다고 확신할 수 있다. 이것은 3장(주17)에서 언급한 8정도의 첫 번째 항목에 관한 오래된 설명에서 도출될 수 있다. "바른 견해 … 주어진 것은 존재하고, 제물이 된 것은 존재하고, [신성한 불에] 던져진 것은 존재하고, 결과 곧 선행과 악행에 대한 과보는 존재하고, 이 세상은 존재하고, 저 세상은 존재하고, 어머니는 존재하고, 아버지는 존재하고, [천상이나 하계에] 화생은 존재하고, 바른 길을 따라 이 세상과 저 세상을 자신의 경험으로 [바르게] 설명한 사문과 바라문이 이 세상에 존재한다."

이 설명은 제례와 도덕적·비도덕적 행위의 보이지 않는 결과를 부정하는 것에 대한 방어다. 틀림없이 이것은 동시대 철학자 아지타 케사캄발라(DN 2, I p.55 참조)의 가르침(의 일부)을 단순히 역전시킨 것이다. 이 역전에 의해 고대 불교는 제례 및 (비)도덕적 행위의 가시적인 결과를 부정하지는 않았지만, 타계(=내생)의 존재를 부정했던 모든 철학자에 대항하여 브라흐만과 공동전선을 형성했다. 위의 인용문과 역전된 형태를 가진 아지타의 이 설명과 견해는 다소 고풍스런 정형구를 포함한다. 붓다는 이미 설법의 초기부터 그러한 업의 부정에 직면했던 것이 틀림없었을 것이다. 그러므로 붓다와 그의 제자가 행위의 결과에 대해 말했던 것은 의식적으로 선택한 것이지 소박한 신념은 아니었을 것이다.

베다에서 재생이 언급되는 가장 오래된 곳은 단순히 타계에 대한 믿음만 나타나 있고 행위의 결과에 대한 믿음은 나타나 있지 않다. 천상에 머문 후 사람은 가능한 한 자신의 가족 안에서 인간으로 재생한다. 새도 한 생존에서 다른 생존으로 이행하는 데서 한 단계로 간주되었다.[1] 이것으로부터 인도에서 재생 이론은, 후대 유대교에서 그랬던 것처럼, 정의에 대한 요구의 당연한 결과는 아니라는 것을 추론할 수 있다. 그러나 그러한 정의에 대한 요구와 제례의 힘이 현생을 능가한다는 믿음은 – 종종 그러한 요구와 일치하는 것은 아니지만 – 곧 선행이나 특별한 제식에 투자한 사람만이 사후에 천상에 간다는 믿음으로 이끌었다. 그렇게 하지 않는 사람은 하계로 간다. 이것이 붓다가 설법의 초기에 발견하고 받아들였던 상황으로 보인다. 그러나 제례는 고대불교의 가르침에서

....

1 M. 빗첼(Witzel), The oldest form of the idea of rebirth. Lecture, 32. CISHAAN, Tokyo-Kyoto, 1983. 참조.

어떤 지위도 없고, 그것이 비도덕적 행위를 보상한다고 가정될 때는 엄격하게 거부되었다. 또한 선행이나 악행이 반드시 천상이나 하계로 이끌 필요는 없고 인간으로 태어나는(그리고 이후에는 동물과 아귀의 영역에 태어나는) 내생에서 보상될 수 있다는 관념이 곧 도입되었다.

후자의 견해에 대해 오랜 베다적 견해가 아마 어떤 사람들에 의해 옹호되었을 것이다. 『밀린다왕문경』(p.5)에서는 막칼리 고살라가 다음과 같은 견해를 가졌다고 했다. 크샤트리아는 다시 크샤트리아가 된다. 바라문은 다시 바라문이 된다. 찬달라는 다시 찬달라가 된다. 미래의 (인간) 세계에서 선행과 악행이 과보를 산출하는 일은 없다. 막칼리는 다른 자료, 예를 들어 『디가 니카야』 I pp.53-54에서는 붓다와 동시대의 연장자로 알려져 있다. 그는 모든 사람이 무수한 재생을 겪고 수 겁이 지난 후에는 지적 능력과 도덕적 상태와 상관없이 모든 사람이 해탈한다고 주장했다고 한다. 그는 인간 행위, 특히 구원과 관련해서는 어떤 행위의 결과도 부정했다.

만약 붓다가 인간의 행위와 (『마지마 니카야』 136에서도 보듯이) 죽는 순간의 확신이 사후에 발생하는 사건을 규정한다고 확신했다면, 왜 그가 새로운 생존을 다시 천상에 태어나기 위한 기회로 활용함으로써 천상에 오래 머무는 것 대신, 재생으로부터 해탈을 추구했는가에 대해 의아해할 수 있다. 그러나 그는 천상이 비록 상대적으로 길다고 해도 천상에 태어나는 것의 무상성도 그만큼 불쾌하게 여겼다는 것이 명확하다. 최상의 환경에 태어난다고 하더라도 인간 세계로의 재생은 항상 노사를 동반한다는 것을 두려워했기 때문이다. 나아가 물질적인 생존이 어떻게 다른 생물을 희생으로 해서 살아가는 것을 완전히 피할 수 있는지도 알기 어렵다. 아래에서 보듯이 선과 악의 주요한 기준은 다른 사람에게 해를 끼치는 것을 피하느냐 피하지 않느냐에 있다. 사소한 악행의 과보는 보류될 수도 있지만, 무기한 보류되는 것은 아니다. 그것이 축적될 것이기 때문이다(악행이 선행에 의해 보상될 수 있다는 관념은 명백히 아직 알려지지 않았거나 받아들여지지 않았다). 그러므로 인간보다 열등한 하계(비록 최초에는 아직 지옥[2]으로 간주되지 않았지만)에 당분간 머물러야 한다. 결국은 그는 구원을 위해 분투해야 한다. (아래에서 보듯이) 그 당시 사람들은 미래의 인간적 삶에서 선과 악 그리고 그것의 성격에 대한 지식을 확신하고 있다고 간주되지 않았고, 따라서 다만 생존하기 위한 것 이상의 악행이 불가피했으며, 이것은 조금 뒤 혹은 즉시 하계로 이끌기 때문이다.

미래의 생존에서 행위가 결정될 수 없다는 것은 SN 3.21『빛과 어둠에 관한 경전』에서 증명할 수 있다. 이 경전은 여전히 인간 세상에서의 선행과 악행이 천상이나 하계로 이끈다고 하는 오래된 구조를 반영한다.

다음은 이 경전의 간략한 요약이다. 세상에는 네 종류의 사람(puggala)이 있다. 어둠에서 어둠으로 가는 자, 어둠에서 빛으로 가는 자, 빛에서 어둠으로 가는 자, 빛에서 빛으로 가는 자가 그것이다. 어둠에서 어둠으로 가는 자는 찬달라, 바구니 만드는 사람, 사냥꾼 등 음식과 옷이 거의 없는 가난한 하층계급 가계에 재생한다(paccājāto). 게다가 그 사람은 추하고 불구자다. 그리고 이 사람은

2 악행이 사후에 가져오는 결과는 일반적으로 다음 문장에 의해 지시된다(예를 들어 MN 136, III p.209): apāyaṃ duggatiṃ vinipātaṃ nirayaṃ uppajjati. 이 모든 유사 동의어가 가장 고대까지 거슬러 올라가는 것은 아니다.

몸과 말과 생각으로 악하게 생활하고 사후에 하계로 간다. 어둠에서 빛으로 가는 자도 찬달라 등 하등계급의 가계에 태어나고 추하고 불구지만, 몸과 말과 생각으로 선하게 생활하고 사후에 천상의 세계로 간다. 빛에서 어둠으로 가는 자는 온갖 사치품을 가진 부유한 크샤트리아, 바라문, 혹은 평민이라는 상위계급의 가계에 태어난 자다. 게다가 그 사람은 아름답다. 이 사람이 몸과 말과 생각으로 악하게 생활하고 사후에 하계로 간다. 마지막으로 빛에서 빛으로 가는 사람은 온갖 사치품을 가진 부유한 크샤트리아, 바라문, 혹은 평민이라는 상위계급의 가계에 태어난 자다. 게다가 그 사람은 아름답다. 이 사람은 몸과 말과 생각으로 선하게 생활하고 사후에 천상의 세계로 간다.

이 경전에 따르면 사회적 환경 혹은 몸의 아름다움이나 추함은 생각하는 것과 행동하는 것을 결정하지 못한다. 후대의 발전에 따라 업도 역시 상위나 하층계급의 가계에 태어나는 원인이라 가정하더라도, 현재의 생각이나 행위가 과거의 생각과 행위에 의해 결정되는 것은 아니다. 이 개념에 관해 일어나는 변화는 15장에서 살펴볼 것이다.

미래에 아무것도 결정된 것이 없다는 관념은 붓다가 구원을 위해 분투한 동기들 중의 하나다. 그러나 그는 또한 많은 사람들이 이 관념이나 다른 동기의 영향을 받지 않았다는 것을 명확히 알고 있었던 듯하다. 붓다가 천상에 도달하거나 하계를 피하는 것에 관하여, 그리고 어느 정도 시간이 흐른 후에는 미래의 인간생활의 환경을 증진시키기 위한 많은 가르침을 평신도에게 행했다고 간주하는 것에는 아무 문제가 없다. 부유한 인간생활이 가난한 삶보다 구원을 향한 길의 더 나은 기반으로 간주될 수 있다. 가난하면 사람들은 일상의 걱정에 매몰되고 부유한 집안의 아들(나중에는 딸들도 포함)보다 더 재산의 포기를 주저한다. 불교 승단의 구성원 대부분이 상위계급 가계 출신이라는 것을 반영하는 이 관념은 『마지마 니카야』 66에서 큰 족쇄를 깨는 코끼리와 썩은 끈을 풀지 못하는 메추리의 비유로 예증된다.

'천안'을 언급하는 정전의 문장도 최초기 업관념이 다만 천상과 하계에 관련될 뿐 미래의 인간 생존과는 관계없다는 것을 가정하는 근거다. 『마지마 니카야』 136을 보면, 천안은 붓다가 발견한 것으로 나타나지 않고 불교도에게만 알려진 것으로도 나타나지 않는다. 붓다의 본래의 정각에 속하는 것으로 받아들일 수 없는 정려도의 자세한 서술[3]에서 천안의 정형구는 업에 대해서 동일한

....

3 문헌학적으로 중요한 논의는 MN 112(III pp.33-36)에서 정려도의 자세한 서술이 비구가 구원을 획득한 것에 대한 기록의 형태로 주어져 있다는 것이다. 이 기록의 마지막은 MN 4(I p.21)과 MN 36(I p.247)에서도 나타나지만 여기서는 붓다에 의한 기록이다. MN 112는 자신의 이전 생과 다른 중생의 죽음과 재생에 관한 인식을 포함하고 있지 않다. MN 4와 36은 이 두 유형의 인식을 포함하지만, 이 문장에서는 일반적인 아오리스트 시제가 현재 시제로 대체되었다는 점에서 다른 기록과는 구별된다. 이것은 우리가 서로 다른 전통에서 유래하였고 이미 확립된 형태를 갖췄던 정형구를 다루고 있다는 것을 확실하게 한다. 따라서 MN 112가 더 오래된 형태의 기록을 가진 것으로 보인다. 그러나 MN 112의 기록은 일반적으로 다른 사람이 붓다로부터 설법의 임무를 가져온 시기에서 유래하는 것으로 보인다. 이 자세한 서술 중에서 결론부와 비교해서 더 오래된 도입부는 여래의 제자로부터 교리를 듣고(III p.33, 6) 여래에 대한 신뢰를 가져서 가장으로서의 삶을 버릴 수 있다는 점에서 개작되어 있다. 그러나 MN 4와 MN 36에서는 구원을 위한 고타마의 분투에 대한 매우 오래된 자전적 기록이 아오리스트 시제로 분명히 나타난다. 따라서 후대에 필요에 따라 이들 경전이 정형화된 해탈적 인식에 관한 자전적 서술로 확대된 것과, 역시 아오리스트 시제로 쓰인 MN 112에서의 자전적 기록 끝에 선택된 것은 놀라운 일이 아니다. 그러나 이제 이 자전적 기록은 더 이상 보통 비구의 것이 아니라 붓다의 기록이다. 붓다의 구원도 그의 정각임이 분명하다. 시간이 지남에 따라 경전의 작자가 불교에 본질적이라고 여겼던 모든 것이 정각의 순간 혹은 이후 며칠 사이에 나타난 것으로 간주되어야 했다. 전생을 기억하는 것과 다른 중생의 죽음과 재생을 관찰하는 것이 이제 이 본질적인 것에 속했다. 전자는 재생을 믿는 것에 대한 불교적 근거가 되었고 후자는 행위의 과보에 대한 믿음의 근거가 되었다. 이러한 목적을 위해 (아마 붓다 이전에) 이미 존재하던 정형구가 여기 사용되었다. 이 출발점으로부터 재생한 것을 기억하는 것과 다른 중생의 죽음과 재생을 관찰하는 것이 다른 경전들에서 정려도를 자세히 서술하는 데 채택되었을 것이다. 슈미트하우젠, 1981, 221 주75(바로, *Recherches*, p.81ff도 언급한다) 참조.

고대의 관념을 반영한다.

『마지마 니카야』 136(III p.210)에는 다음과 같은 문장이 있다. 열렬히 노력하는 사문 혹은 바라문은 그러한 마음의 집중(cetosamādhi)을 얻는다. 그 속에서 그는 천안으로(dibbena cakkhunā) 다른 사람을 해친 자(그리고 다른 중요한 금욕적 규율을 어긴 자)가 하계로 가는 것을 볼 수 있다. 그러나 다른 사문은 천안으로 다른 사람을 해친 자가 어떻게 천상으로 가는가를 본다. 또 다른 사문은 천안으로 다른 사람을 해치지 않은 자가 어떻게 천상으로 가는가를 본다. 또 다른 사문은 천안으로 다른 사람을 해치지 않은 자가 하계로 가는 것을 본다.

이 모든 사문은 그들의 제한된 관찰을 너무 빨리 일반화한 것으로 비난받는다. 예를 들어, 만약 다른 사람을 해친 어떤 사람이 천상으로 가는 것이 발견되었다면, 그때 그것은 악행이 벌을 받지 않는다는 것을 의미하는 것이 아니라 최근의 악행보다 더 중요한 선행을 쌓았다는 것을 의미하거나 그 사람이 죽는 순간에 바른 견해를 가졌다는 것을 의미한다. 이런 비판적인 언급을 한 것으로 인용된 권위자인 붓다는 명백히 천안으로 다른 사문보다 시공간적으로 더 보고 게다가 그는 더 좋은 자료를 수집한다.

천안은 정려도의 자세한 서술에서 제4정려의 획득과 4성제의 인식 사이에 삽입된 두 가지 인식 중 두 번째와 동일시된다. 이 두 번째 유형의 인식은(예를

....

MN 136에서 보았듯이, 적어도 어느 정도로는 비불교도도 가지고 있기 때문에, 다른 중생의 죽음과 재생을 관찰하는 것은 4성제에 대한 인식으로 이끌지 않는다고 추측할 수 있다. 그러나 그것은 여전히 4성제의 인식을 위한 좋은 예비과정일 수 있다. 이것은 전생을 기억하는 것과는 다른 것이다. 『범망경(Brahmajālasutta)』(DN I p.13)에 따르면 전생을 기억하는 것은 자아와 세계가 영원하다는 견해의 기원일 수 있다.

들어『마지마 니카야』 27, I p.183) 다음과 같이 서술된다(요약).

> 그는 천안으로 중생들이 죽고 태어나고, 저급하고 고양되고, 아름답고 추하고, 축복받은 존재이고 비참한 존재인 것을 본다. 그는 그들이 행위에 따라 되돌아온다는 것을 안다. 어떤 중생은 몸과 말과 생각으로 악행을 행한다. 그들은 성자(ariya)를 비난하고, 그들은 잘못된 견해를 가지고 [이] 잘못된 견해[에 맞추어] 자신들을 인도한다. 사후에 그들은 하계에 재생한다. 그러나 다른 중생들은 몸과 말과 생각으로 선행을 행한다. 그들은 성자들을 비난하지 않고, 그들은 바른 견해를 가지고 [이] 바른 견해[에 맞추어] 자신들을 인도한다. 사후에 그들은 천상에 재생한다.

정려도의 이론가들은 전생을 기억하는 것도 붓다와 뛰어난 제자들의 정각과 해탈에 속한다고 생각했다.[4] 그러나 전생의 기억에 대한 정형구는 아마도

....

4 이들 제자들은 세 가지 인식을 가진 자(tevijja, 세 번째 인식은 4성제에 대한 해탈적 통찰에 더해 루(漏)의 파괴에 대한 인식이다)라 불린다. SN 8.7에는 아라한에 대한 흥미 있는 구분이 있다. 오백 아라한의 대부분은 식별적 통찰에 의해 해탈했다고 하지만 육십 명은 세 가지 인식을 가지고 다른 육십 명은 초자연적인 힘을(abhiññā, 곧 세 가지 인식, 기적적인 힘, 천상의 소리를 들을 수 있는 것, 그리고 다른 사람의 마음을 보는 것) 그리고 또 다른 육십 명은 '두 측면에서 해탈'(에저튼, BHSD ubhayato-bhāga-vimukta 항 참조)한 자, 곧 (식별적 통찰에 의해) 루로부터 해방되고, 모든 고통으로부터 지금 여기에서 해탈하는 통각과 느낌의 소멸(saññā-vedayita-nirodha)에 도달할 수 있는 자다. P. 드미에빌(Demiéville), "Sur la mémoire des existences antérieures", *Bulletin de l'Ecole française d'Extrême Orient* 27(1927) p.286 참조. 초자연적 힘은 한역본에는 빠져 있다. 구십 명의 비구는 세 가지 인식을 가지고 다른 구십 명의 비구는 두 측면에 해탈했다고 하는 마지막 범주에 속한다. 이런 식으로 다시 단지 식별적 통찰을 통해 해탈하지 않은 백팔십 명의 비구들을 언급하게 된다.

매우 오래된 다른 기원에서 유래한 것이고, 천상이나 하계 그리고 업의 과보에 대해 언급하지 않는다. 그것은 다만 인간 세계에서 재생하는 것에만 관심을 가진다. 그것은 다음과 같이 서술된다(예를 들어 MN I p.22, 요약).

> 나는 한 생, 두 생, 세 생, … 열, 스물, 서른 … 백, 천, 십만, 세계가 파괴되는 수 겁, 세계가 확장하는 수 겁을 기억한다. 거기에서 나는 이런 이름을 가졌고, 이런 가계와 계급에 속했고, 이런 삶을 살았고, 이런 행복과 슬픔을 경험하고, 그렇게 오래 살았다. 거기에서 죽어서 나는 여기에 재생했고 이런 이름을 가졌으며…

두 정형구의 병치는 그것을 정신적으로 결합시키게 하고 그 속에서 발견하기를 기대하는 것, 곧 인간 생존의 특성 또한 업의 결과라는 것을 읽게 한다.

팔리 정전의 한 부분인 『마지마 니카야』 130의 서두에는 다음과 같은 방식으로 변용된 천안에 관한 기술이 보인다. 몸과 말과 생각으로 선행을 행한 사람이 천상에 재생할 뿐 아니라 인간 세계에도 태어나고, 몸과 말과 생각으로 악행을 행한 사람이 하계(여기서는 야마(Yama)가 지배하고 몇 가지 구역을 가진 실질적인 지옥이다)에 재생할 뿐 아니라 아귀(원래는 죽은 직후의 존재로서 모든 사람이 거치는 단계[5])나 동물의 영역에도 재생한다. 이 경전을 붓다와 그의

---

5 논쟁적인 경전인 AN 10.17.11은 이 맥락에서 흥미롭다. 거기에서 붓다는 바라문인 자누소니(Janussoni)에게 말한 것으로 기록되어 있다. 그대는 죽은 가족 구성원에게 계속 공양할 수 있다. 다른 어딘가에 재생했기 때문에 많은 사람이 이익을 얻지는 못하리라는 것은 사실이지만 분명히 아귀 중에 태어난 사람도 항상 있다. 게다가 어쨌든 죽은 자에 대한 선물이 가치 있는 것이기 때문에

첫 제자에게 귀속시키기는 쉽지 않다. 인간의 운명은 아주 표면적으로는, 비참한 상황에 대한 어떠한 주의도 배제된, 선행의 결과로 보인다. 그리고 지옥은 지나치게 현란한 색채로 그려졌다. 그러나 어떤 발전들은 붓다의 긴 생애 동안에 이루어졌다고 예상될 수 있는 것이다. 특히 인간 생존에 대한 차이가 업에 의해 설명되는 것과(이 경전에서는 아니다), 사후에 항상 천상이나 하계로 가는 것이 아니라 극단적인 선업이나 악업이 없으면 곧바로 인간이 되는 것이 그런 것들이다. 천상[6]과 하계는 더 이상 새로운 인간 생존으로 가는 통과 단계가 아니라, 인간과 동물 그리고 아귀 세계와 꼭 같은 재생의 장소다.

이제 붓다와 그의 첫 제자 시대에서 어떤 원리에 의해 선행 혹은 악행이라

....

그대는 공양함으로써 이익을 얻을 것이다.
후대에 비슷한 관념이 불교로 다시 들어왔다. 어떤 학파들은(바로, Les Sectes, p.291 참조) 죽은 직후 새로운 생으로 태어나기 전에 몇 주간이라고 하는 중간 단계(antarābhava, 티베트어로는 bar do)의 개념을 생각한다(『구사론』 III k.4-14 참조).

6 이 시기에는 하나 이상의 천상에 대한 믿음이 있었을 것이다. 몇 가지를 언급하자면, 인드라신이 인도하여 33신의 천상에 태어날 수 있다는 것이다(15장 참조). 더 높은 천상은 도솔천으로서 후대의 견해에 따르면 모든 미래불이 지상에서 정각을 얻기 전에 머무는 곳이다(13장 참조). 가장 높은 곳은 브라흐마 천상이다. 세계가 세 개의 층위으로 분리되었을 때(13장 참조), 이 모든 천상들은, 브라흐마 천상은 예외로 하고, 욕망의 대상의 층위(kāmadhātu)로 분류되었다. 이 천상들은 이제 욕망의 대상의 층위 중 상층이고, 그 아래는 인간의 세계, 아귀의 왕국, 동물의 왕국, 마지막으로 지옥이다. 브라흐마 세계는 [욕망을 유도하지 않는] 가시적 형태의 층위(rūpa-dhātu) 중 가장 낮은 곳이 되었다.
높은 명상 단계에 대한 통제력을 가지는 것은 가시적 형태의 층위와 가시적 형태를 결여한 층위(13장 참조)에 재생하는 것을 결정한다. 이러한 통제력은 모든 종류의 재생을 규정하는 업이론의 용어법에 편입시키기 위해 후대에 '부동의(S. aniñjya)' 업이라고 불렸다. 그것은 이로운(S. kuśala) 업 및 해로운(S. akuśala) 업과 더불어 세 번째 업이다. 에저튼, BHSD aniñjya 항목 참조. 또 『구사론』 IV k.45-46도 참조. 그러나 『청정도론』(ed. Warren/Kosambi p.451, 465 그리고 476)에서 부동의 현행(āneñjābhisaṅkhāra)은 가시적 형태가 없는 층위만을 가리키는 듯하다.

고 불리는가 하는 질문에 도달했다. 가장 먼저 업이란, 이 장에서 인용한 모든 인용문에서 모을 수 있듯이, 몸과 말과 생각에 의한 행위를 의미한다는 것을 확립해야 한다. 카르마(karma)라는 단어가 제시하듯이 그것은 몸으로 하는 행위만도 아니고 후대 정전의 몇몇 문장(예를 들어 AN 6.6.9, 10장 참조)에 의해 뒷받침되는 발전들로부터 예상할 수 있듯이 생각, 곧 의도에 의한 행위만도 아니다.

고대에 행위를 선하거나 악하게 만드는 가장 중요한 특징은 그것이 긍정적이거나 부정적인 의미에서 다른 사람의 평안과 관련이 있는 것이었다. 이 측면에서 a) 다른 생류에게 좋은 일을 하거나, 그것이 가능하고 필연적임에도 불구하고 하지 않는 것과 b) 그것이 가능하고 외관상으로 필연적임에도 불구하고 다른 생류를 해치지 않거나, 해치는 것으로 구분할 수 있다.

위에서 인용한 아지타 케사캄발라의 견해를 역전시킨 것에서 제례적 업의 가능성도 발견할 수 있다. 제례적 업은, 그 자체로 그리고 특별한 목표 없이, 다른 생류의 평안에 종사하지 않거나 한 생류를 희생함으로써 다른 생류의 평안에 공헌한다. 고대불교는 이런 가능성을 필요로 하지 않았다. 그러나 붓다가 열반한 후 많은 불교도들이 스승의 유해나 제자 중의 한 명 혹은 (신화적인) 과거불의 유해를 포함하고 있는 (혹은 포함한다고 가정된) 불탑숭배를 마음을 정화하는 수단뿐 아니라 선업을 획득하는 수단으로 간주하였다. 이러한 종류의 업은 아마 제례적 업을 표제로 하여 도입되었을 것이다. 후대에 밀교에서 글자 그대로의 의미를 지닌 제례를 볼 수 있다.

위에서 언급한 다른 생류의 평안이라는 기준과 a) 다른 사람에게 적극적으로 선행을 하느냐 하지 않느냐, 그리고 b) 다른 사람을 해치지 않느냐 해치느냐 하는 구분과 관련하여 먼저 a)에 관해서는 다음과 같은 예가 주어질 수 있다.

보시의 관념은 이 가르침에서 초점이 되어갈 것이다. 이 개념은 불교 승단에 대한 지원이라는 맥락에서 보아야 한다. 그러나 처음에는 후대보다는 이 점을 덜 강조한 듯하다(이 장의 마지막에 인용된 경전에는 '사문과 바라문'에게 보시해야 한다고 한다). 게다가 (예를 들어 SN 7.19, Sn v.98에서) 부모를 보살피는 것이 언급되고 (SN 1.47에서는) 공원을 만들어 나무를 심는 것, 다리를 놓는 것, 우물을 파는 것, 집 없는 자에게 쉼터를 주는 것이 언급된다.[7] 행위의 가치는 행위 그 자체에 의해서만 결정되는 것은 아니다. SN 1.32에서는 가난한 자의 보시는 부자들의 보시보다 더 가치 있다고 언급된다. 이 관념은 구원을 향한 가장 고대의 길에서 매우 특징적인 자기 부정의 태도와 잘 연결된다.

b)에 관해서는, 반드시 재가자가 정려의 예비과정을 위한 금욕적 규칙[8](6장 참조)을 가장의 생활에서 가능한 한 지켜야 한다. 이러한 방식으로 재가자는 선행을 할 수 있고 특히 악행을 피할 수 있다. 악행을 피하는 것은 틀림없이 이 규칙 뒤에 숨어 있는 가장 오래된 (비불교적) 의도일 것이다. 물론 이것은 또한 정려를 위한 약간의 예비과정도 의미하고, 불교의 '휴일'에는 재가자도 비구와 비구니처럼 철저하게 규칙을 지킬 수도 있다. Sn 400-404에서는 이 날을 위한 예비과정의 개요를 찾을 수 있다. 거기서는 이 특별한 규칙을 지킴으로써 재가자가 사후 '스스로 빛을 내는(sayampabha)' 신들의 세계로 간다고 한다.

일상생활을 위한 대부분의 규칙과 우리의 행위가 야기하는 미래의 결과에

....

7 더 자세한 것은 DN 31(Sn 91-142, 258-269 참조)에서 볼 수 있다.

8 후대에는 다섯 가지 규칙으로 줄어든다. 살생, 도둑질, 음욕행, 거짓말 그리고(Sn 264) 만취 등에 의해 야기된 부주의함을 금하는 것이다(예를 들어 DN 5 I p.146).

대한 기대와의 관계를 예증하기 위해 나는 이제 『마지마 니카야』 135의 문장을 제시할 것이다. 이 경전도 인간 세상에서의 상황이 전생의 업으로 설명된다고 하는 새로운 발전을 보여주는 것이다.

심지어 그러한 설명이 이 경전의 주목적일 수 있다. 그것은 어떻게 어떤 사람은 나쁜 시절을 경험하고 다른 사람은 좋은 시절을 경험할 수 있는가 하는 질문으로 시작한다. 어떤 사람은 수명이 길고 다른 사람은 짧다. 어떤 사람은 자주 아프고 다른 사람은 거의 아프지 않다. 어떤 사람은 아름답고 다른 사람은 추하고, 어떤 사람은 큰 권력을 즐기고 다른 사람은 거의 즐기지 못한다. 어떤 사람은 하층계급의 가족에 속하고 다른 사람은 상위계급의 가족에 속한다. 어떤 사람은 지성을 거의 지니지 못하고 다른 사람은 상당한 지성을 가진다. 이것은 어떻게 가능한가? 대답은 그 모든 것이 행위의 결과이고 생류는 그들의 행위의 상속자(kammadayāda)라는 것이다.

그 후 언급된 차이에 대한 논의가 이어진다. 사람이 생물을 죽이고 그들에게 자비를 베풀지 않으면 그는 사후에 하계로 가거나 그렇지 않으면 인간 세계에서 수명이 짧아질 것이다. 그러나 사람이 살생을 금하고 무기에 손을 대지 않으며 자비심이 가득하다면 그는 천상으로 가거나 그렇지 않으면 인간 세계에서 긴 수명을 누릴 수 있을 것이다.

남아 있는 사항은 같은 방식으로 논의된다. 인간 세상에만 한정한다면 다음과 같은 기술을 볼 수 있다. 다른 사람을 해치는 자는 자주 아플 것이다. 다른 사람을 해치지 않는 자는 거의 아프지 않을 것이다. 화를 잘 내는 자는 추할 것이다. 성품이 좋은 자는 아름다울 것이다. 다른 사람의 재산과 명예를 시기하고 질투하는 자는 나중에 권력 혹은 영향력이 거의 없거나 전혀 없을 것이다. 다른 사람의 재산과 명예를 시기하고 질투하지 않는 자는 큰 권력과 영향력을 가질 것이다. 옷과 음식 등을 사문과 바라문에게 보시하지 않는 자는 나중에 거의 재산을 갖지 못할 것이다. 이를 행하는 자들은 나중에 많은 재산을 가질 것이다. 자만심을 가지고 존경받을 만한 자를 공경하지 않는 자는 나중에 하층계급의 가계에 태어날 것이다. 자만심이 없고 존경받을 만한 자를 공경하는 자는 나중에 상위계급의 가계에 태어날 것이다. 사문과 바라문에게 다가가서 무익한 것은 무엇이고 유익한 것은 무엇인가를 묻지 않는 자는 나중에 지성을 거의 지니지 못할 것이다. 이를 행하는 자는 나중에 큰 지성을 지닐 것이다.

/ 15 /

고대의 업

이 마지막 장에서는 업에 대한 관념과 관련한 후대의 발전들을 다룰 것이다. 다음에 언급하는 것이 모든 불교학파에서 받아들여졌던 것은 아니다.

틀림없이 붓다가 열반한 후 백년경까지 다음과 같은 관념들이 도입되거나 중요시되었다.

1. 해탈하기 전에 모든 악행이 선행에 의해 보상되거나 적어도 대체되어야 한다.
2. 인간 생존에서 즐겁거나 즐겁지 않은 느낌들은 모두 과거 행위의 결과다.
3. 악행과 그 과보는 벗어나기 힘든 악순환을 형성한다.
4. 고타마는 수많은 과거 생에서 선행을 했고 그 결과를 정각이라는 목적에 바침으로써 붓다가 되었다.
5. 고백과 참회로써 (부분적으로) 악행을 무효화할 수 있다.
6. 아라한이 아닌 자들의 악행은(아라한에 대해서는 1 참조) 큰 공덕에 의해

대체될 수 있다.

7. 특히 자신의 정신적 발전을 위해 공덕을 다른 사람에게 회향할 수 있고, 해야 한다.

이들 모든 관념이 서로 조화롭게 공존할 수 있는 것으로 보이지는 않는다. 그러나 어떤 장소와 어느 시기에서는 이들 중 많은 것이 실제로 그러했다. 가장 좋은 설명은 불교가 (초기에는 주로 자이나교에 의해 반영된) 인과응보의 점증하는 영향력을 경험했지만, 동시에 기계론에 대한 방어기제를 발전시켰다는 것일 수 있다.

나는 5, 6과 7에 대해서는 언급만 하고 논의하지는 않을 것이다. 그것들은 비정전적 자료에 의해 잘 기록되었는데, 그것은 일상적 종교생활에서 중요하게 간주되었다는 점을 입증하는 것이다.[9]

....

9 악행의 고백과 참회는 오래된 정신적 지도의 수단으로 보인다. "계율을 어긴 것을 알고 앞으로 개선하기 위해 그것을 고백하는 자는 성스러운 계율에서 성장할 것이기 때문이다."(M. 왈쉐(Walshe)가 *Thus Have I Heard, London*, 1987 p.108에서 DN 2의 끝에 있는 관련 문장을 번역한 것에 따른다) 그러나 그 결과 미래에 나타날 악행의 과보가 감소하거나 제거될 수 있다는 것은 아마 새로운 발전일 것이다. DN 2에서 아자타샤트루(Ajātaśatru)왕은 아버지를 살해한 것을 고백하고 참회한다. 팔리어본에서는(I p.85) 이것이 이미 저지른 업에 대해서는 어떤 영향도 미치지 않아 보인다(R. O. 프랑케(Franke), Dīghanikāya, Göttingen 1913, p.84 주5. 그러나 K. 마이지히(Meisig)가 *Das Śrāmaṇyaphala-Sūtra* (Wiesbaden, 1987, 365)에서 제시한 대응하는 한역본 중 하나는 이 관념을 가지고 있다.
아라한이 아닌 자의 악업이 큰 공덕에 의해 대체되는 것에 관해서는 R. 곰브리치, *Precept and Practice*, Oxford, 1971, 215-216 참조. 스리랑카에서 전해지는 유일하게 특수한 사례는 두타가마니(Duṭṭhagāmanī)왕(B.C. 101-77)일 것이다. 그는 전쟁에서 많은 타밀 사람을 죽였지만 그것은 불교를 보호하기 위해서였다. 그의 공덕(또한 사원을 건축하는 것 등에 의해)은 그만큼 그의 악업보다 가치가 있어서 미래불인 미륵의 시대까지 머무르고 미륵불 시대에는 미륵의 오른팔과 같은 제자로 태어나 열반을 얻을 것이다.
R. 곰브리치는 앞서 언급한 책 pp.226-243에서 현대 스리랑카에서 공덕의 회향이라고 불리는 복잡

다른 항목들은 이념사에 큰 영향을 끼친 순서대로 배열되었다. 다시 말하면 고타마가 전생에서의 열망과 행위에 의해 붓다가 되었다는 것이 마지막에 논의된다. 가능한 한 많은 사람이 붓다가 되어야 한다는 것은 대승(mahāyāna)의 중요한 목표의 출발점이다. 이 점에서 우리는 초기불교의 이념과 명상이라는 주제에서 결정적으로 벗어난다.

모든 행위의 과보

붓다는 해탈하기 전에 업이 완전히 보상되어야 한다는 것을 필수불가결한 것으로 간주하지 않았다고 가정할 수 있다. 선업이 아라한을 만들지도 않고 악업이 악한 행위를 그만두고 구원의 길을 따라 마침내 아라한이 되는 것을 방해할 수도 없다. 아라한의 사후에는 천상이나 하계 혹은 다른 어떤 운명으로도 과보를 받을 가능성은 없다. 그러나 잠시 후 현생의 업은 바로 그 생에서 이미 보상될 수 있다는 관념이 나타났다.[10] 이는 아라한이 종교적 삶에 입문하기 전에 저지른 악한 행위 역시 보상되어야 한다는 요청 때문인 듯하다. 심지어 즉시 과보

한 문제와 이 실천의 시작을 보여주는 몇몇 정전의 문장에 관해 명료하게 해설하고 있다. J. W. 용(Jong)은 *Indo Iranian Journal*, 1982, 313(주1)에서 스리랑카에서 공덕의 회향에 관한 문헌을 모았다. 다른 지역과 측면에 관해서는 G. 쇼펜(Schopen), "Two Problems in the History of Indian Buddhism: The Layman/Monk Distinction and the Docrtines of the Transference of Merit", *Studien Zur Indologie und Iranistik*, Heft 10, 1984, 9-47 참조.

10 이것은 업을 의도(cetanā)로 축소하고자 하는 AN 6.6.9(III p.415)의 같은 문장에서 발견할 수 있다. 업의 과보에는 세 가지가 있다. 현생에서 이미 받는 것, 다음 생에서 받는 것, 혹은 그 다음 생에서 받는 것이다.

를 받고 사후에는 곧바로 지옥으로 가는 다섯 무간업(S. ānantarya-karma)[11]이라고 하는 상대적으로 늦은 관념조차 원래는 이 업이 즉시 죽음을 야기하거나 이 생에서 다른 과보를 받는다는 방식으로는 생각되지 않았다는 것에 주목하라. 그러나 조금 후대의 설화에서는 죄를 지은 자는 그 즉시 가장 깊은 지옥의 불에 삼켜진다고 한다.

이 점을 예증하기 위해 앙굴리말라에 관한 두 가지 정전의 기록을 검토할 것이다. 이 기록의 핵심에 따르면 앙굴리말라는 살인강도였다가 붓다와 만난 후 비구가 되고 잠시 후 아라한과를 얻은 자다. 그가 비구가 되고 붓다가 그를 변호했기 때문에 왕이 죄를 묻지 않았다.

팔리어 정전의 아마도 가장 오래된 기록인 『장로게』(866-891)는 두 게송에서 앙굴리말라가 저지른 전생의 악행에 관한 문제를 지적한다. 게송 872에서는 선업이 전생의 악행을 덮은 자는 마치 구름에서 나온 달처럼 이 세상을 비춘다고 한다. 그리고 게송 882에서 앙굴리말라는 일반적으로는 하계로 이끄는 행위를 하고 난 후, 업의 과보에 대해 깊이 깨닫고 죄책감이 없는 상태로 음식을 먹고 있다고 말한다. 이 게송들을 이해하는 데 문맥은 거의 도움이 되지 않는다. 첫 번째 게송은 악업을 선업으로 대치하는 것에 대한 암시로 해석할 수 있다. 그러나 그것 또한 아라한으로서의 앙굴리말라가 이전에는 살인자이자 강도였다는 것을 우리로 하여금 잊어버리게 하는 것만을 의미할 수 있다. 두 번째 게송

11 예를 들어 『비방가(Vibhaṅga)』 Nal. ed. p.454와 『구사론』 III k.96-105: 승단에 분열을 일으키는 것(saṅghabheda), 모친 살해, 부친 살해, 아라한 살해 그리고 (살해될 수 없는) 여래에게 상처를 입히는 것이다. 데바닷타는 승단 분열을 일으키고 붓다에게 상처를 입혔다고 한다.

은 과보를 언급하지만 그것이 어떤 종류인지 알 수 없다.

두 번째 기록인 MN 86은 산문과 운문으로 이루어져 있다. 운문은 『장로게』(866-886)와 동일하다. 산문 부분의 두 문장이 당면한 문제를 다루고 있고 아마도 위에서 언급한 게송의 주석으로 채택될 수 있을 것이다. MN II p.103에는 아라한이 되기 이전의 비구 앙굴리말라가 다음과 같은 말을 함으로써 난산을 겪고 있는 여인을 도왔다고 기록되어 있다. "나는 성스러운 삶에 다시 태어난 이후로는 의식적으로 살생을 저지른 적이 없다. 이 진실을 통해(tena saccena) 당신과 당신의 아기가 무사하기를 바란다." 두 번째 문장은(MN II p.104) 아라한과를 얻은 앙굴리말라가 한번은 탁발을 하고 있을 때, 사람들이 온갖 물건을 던져서 상처를 입었다고 한다. 붓다는 이것을 지옥(niraya, 실제 지옥을 가리킨다)에서 수천 년에 걸친 처벌 대신 받는 것이라고 해석함으로써 그를 위로했다고 한다.[12]

그가 여인과 아이를 도운 것 그리고 정신적으로 재생했기 때문에 의도적으로 생명을 빼앗지 않는 것은(진리로 선언된 후자는 구제책으로 활용되었다) 이전의 악행(의 일부)을 대체하는 선업으로 볼 수 있다. 그러나 두 번째 문장은 그러한 대체를 암시하지 않는다. 비록 거기에 서술된 것이 많지는 않지만 그것은 악업의 과보를 경험함으로써 그것을 보상한다는 것만을 가정하는 듯하다. 우리는 붓다가 다음과 같이 말함으로써 위로했다고 상상할 수 있다. '그대가 그런 경험을 했을 때, 그대는 자신이 다른 사람에게 입힌 모든 상해를 생각해야 한다.' 그러나 지금 우리가 갖고 있는 정형구는 악행의 보상이라는 원리가 아라한

....

12 A. 바로(Annuaire du College de France 1985-1986, Resumé des cours et travaux, p.654-658)의 연구에 따르면 이 이야기의 가장 오래된 전승은 이 일화를 포함하고 있지 않다.

의 경우에도 유효하다는 것을 보여주려는 것이다.

여기에서 어렴풋하게 나타난 원리가 다른 곳에서는 명확히 그러나 추상적인 개념으로 서술된다. AN 10.21.7(+8)의 서두에서는 하려고 했던 행위, 실제로 행한 행위, 그리고 (전생에서부터) 쌓인 행위를 현생 혹은 내생에서 그 결과를 경험함으로써 파괴하지 않는 한 고통을 종식시킬 수 없다고 서술한다. 그 경전의 나머지 부분에서는 선행과 악행 양자 모두를 의미한다는 것이 나타난다. 이것은 고대에서 일반적으로 자이나교에 귀속되는 의견이다(MN 101 참조: 그러나 자이나교에 비판적인 다른 경전 MN 14에서는 악업만 언급된다). 사실 여기서는 업이 재생의 원인이고 모든 행위를 하지 말아야 하며, 재생으로부터 벗어나고자 한다면, 이전의 행위에 대한 보상을 서둘러야 한다고 주장한다. 이것이 불합리한 결과를 야기한다는 것이 MN 101에 보인다.

이 문장과 직접적으로 연관된 AN 10.21.9에서는 AN 10.21.7(+8)에서 제시된 이 관념에 대해 직접적으로 그것을 공격하지 않고 붓다의 말로써 반응하려는 시도를 발견할 수 있다. AN 10.21.7(+8)의 서두에서 주장되는 것은 인정되지만, 4무량을 수습하는 것(7장 참조)이 이전의 행위의 업을 극복하는 수단으로 권고된다. 이 명상에서는 어떤 제한된 행위도 남아 있지 않다고 한다.[13] 이 경전은 명

....

13 그리고 이 경전은 처음에 말한 것을 설명하고자 하는 의도에 의해 주제로부터 벗어난다. 이것은 동일한 저자에 의한 것은 아닌 듯하다. 이제 행위는 악행으로 제한된다. 아주 어린 시절부터 끊임없이 친절함 등의 덕목을 실천하는 자는 누구라도 더 이상 악행을 저지를 수 없다. 그러나 이미 저지른 악행(그리고 선행)을 제거하는 것에 관해서는 어떤 언급도 없다.
일반적으로 자료에서는 선행에 대한 과보의 필수성에 대해서는 어떤 것도 언급되지 않는다. 이 문제에 관해 이론을 세운다면 다음과 같을 것이다. 선행이 대부분 부정적으로 정의되는 한, 그리고 명상을 준비하기 위한 금욕적 규칙과 결합한다는 점에서, 그것의 결과가 해탈된 상태라는 결과에 포함될 수 있다. 이 점에서 일시적인 평안과 무한한 평안은 엄격하게 분리될 수 없다.

백히 이들 명상의 고대적 기능으로 후퇴한다. 그 안에서 완전함에 도달한 것은 해탈한 것을 알고 악업이나 선업의 과보에 대해 개의치 않는다는 것을 의미했다.[14]

AN 10.21.9에 서술된 반응은 이 문제에 관해서 더 발전한 것의 특징을 절충하는 전조를 보여준다. 거의 모든 불교학파는 업을 재생의 원인(재생의 형태에 대한 원인으로서만이 아니라)으로 받아들였다. 그러나 그것이 행위를 피하고, AN 10.21.7(+8)에서는 그토록 피하기 어려워 보였던 과보를 촉진한다고 하는 실천적 결론을 가진 것은 아니다. 일반적인 해결책은 다소 이론적이다. 업은 재생의 유일한 원인이 아니라 새로운 생존을 산출하기 위해서는 무명과 갈애 등 번뇌(kleśa)라 불리는 다른 원인을 필요로 한다.[15] 구원의 방법을 따름으로써 이 원인들을 극복한 자는 업과 싸울 필요가 없다.

....

MN 57, AN 4.24.2 그리고 DN(Saṃgīti sutta) III p.230에서는 모든(= 검고 희고 섞인[요가수트라 IV 7 참조]) 업이 극복되어야 한다는 관념이 발견된다. 그것은 아마도 업이 재생의 원인으로 수용되었다는 것을 암시할 것이다. 모든 업을 극복하는 수단으로서 모든 업을 포기하기 위한 의도(cetanā)로서의 '행위(kamma)'가 권고된다. 이들 문장에 관한 논의는 L. 슈미트하우젠, "Critical Response", *Karma and Rebirth*, ed. by R. W. Neufeldt, State University of New York Press, 1986, chapter 12, p.207 참조.

14 H. 벡(Beckh), Buddhismus, 2. Band, Berlin(2nd ed.) 1920, pp.132-135도 참조. AN 3.10.9에서는 행위가 고행, 명상, 식별적 통찰 그리고 4무량(후자는 다음 문장에 의해 지시된다: aparitto mahatto appamāṇavihārī)을 실천하는 자에게 어떤 영향력도 갖지 않는다고 서술한다. 한 조각의 소금을 한 컵의 물에 넣었을 때는 맛을 느낄 수 있지만 강에 넣었을 때는 맛을 느낄 수 없다.

15 이 이론의 출발점은 아마 결과를 산출하기 위해서는 원인과 조건이 완비되어야 한다는 『도간경』의 관념일 것이다. E. 프라우발너, *Die Philosophie des Buddhismus, Berlin*, 2nd ed. 1958, 49-60. 참조.

모든 느낌들은 업의 탓이다

14장에서는 선업과 악업의 과보를 받는 장소가 원래는 천상과 하계였다는 것을 밝혔다. 14장의 끝에서는 인간계 또한 과보를 받는 장소고, 다음과 같은 업의 결과가 언급되는 MN 135를 제시했다. 곧 짧거나 긴 수명, 자주 아프거나 거의 아프지 않는 것, 추하거나 아름다움, 작거나 큰 힘, 적거나 많은 재물, 하층 혹은 상층계급으로 태어나는 것, 보잘 것 없거나 훌륭한 지성 등이 그것이다. 인간계에서 즐겁거나 즐겁지 않은 느낌은 여기에 나타나지 않거나 언급된 몇몇 상황이 다른 상황보다 즐겁거나 즐겁지 않은 느낌을 알아차리기에 더 적합하다는 것을 단순히 나타낼 뿐이다.

느낌이 언급되지 않는다고 하는 것은 거의 틀림없이 그 느낌을 등한시해서가 아니다. 모든 느낌이 이전의 행위의 결과라는 것은 MN 101[16]에 자이나교의 교리로서 나타나 있다. 또한 다른 원인의 도움 없이 순전히 그 자체만으로 병으로 귀결되는 (그리고 병과 연관된 고통으로 귀결되는) 여덟 가지 원인을 언급하는 경전도 있다. AN 4.9.7, 5.11.4 그리고 10.6.10에서는 담즙, 점액, 바람, 이 세 가지가 섞인 것, 예상치 못한 기후, 불규칙한 생활형태, 상해와 업이 열거된다. 「시바카숫타(Sīvaka sutta)」 (SN 36.21)는 동일한 원인의 열거를 수록하고 모든 것을 업으로 설명할 수 있다는 어떠한 관념도 명백히 공격한다. 그것은 각자가 가진 자신의 경험과 일반적으로 받아들여진 관념에 호소한다. MN 135에서

....

16 II p.101: Yaṃ kiñcāyaṃ purisapuggalo paṭisaṃvedeti. sukhṃ vā dukkhaṃ vā adukkhamasukhaṃ vā sabbaṃ taṃ pubbekatahetu.

발견되는 이전 행위의 결과로 자주 아플 수 있다는 관념은 여덟 번째 원인인 업의 항목 아래에 넣을 수 있다. 그러나 일련의 여덟 가지 원인은 오직 다른 모든 것이 실패했을 때에만 이 설명을 활용해야 한다는 것을 제시한다.

「시바카숫타」는 점증하는 자이나교적인 업이론의 영향에 대한 반작용으로 볼 수 있다. 비슷한 반작용이 『밀린다왕문경』에 보인다. 『밀린다왕문경』은 「시바카숫타」에 호소한다. 이 호소로 결론을 맺는 pp.134-138 부분은 틀림없이 『밀린다왕문경』의 가장 오래된 부분에 속하지 않고 아마 서력 기원 초에 기원할 것이다. 그것은 모든 병과 고통의 원인을 악업으로 축소하려는 경향이다. 이것은 붓다에 대해서도 마찬가지다. 전설에 따르면 데바닷타가 살해를 기도하다가 입힌 상처와 DN 16에 기록된 병은 붓다가 깨닫기 전에 행한 악업의 결과였을 것이다.[17] 그러나 『밀린다왕문경』에 따르면 고타마는 더 이상 악업을 행하지 않았기 때문에 여기서는 전지라고 불리는 정각에 도달할 수 있었다. 이것이 붓다의 상처와 병에 관한 이 설명이 『밀린다왕문경』에 받아들여지지 않고 『밀린다왕문경』이 병에 대한 여덟 가지 가능한 원인을 언급하는 「시바카숫타」로 후퇴한 이유다. 붓다의 경우는 원인으로서의 업이 붓다의 인생에서의 변화에 적용되지 않는다. 이 자료는 여기서 약간의 양보를 한다. (다른 원인이 아니라) 바람이 업을 통해 병의 원인이 될 수 있다(p.135).

냐나틸로카에 따르면,[18] 『밀린다왕문경』의 이 견해는 모든 느낌을 업의 탓

....

17 『장로이야기(Therāpadānam)』(Nal. ed. 39. 78-81): … tena kammavipākena Devadatto silaṃ khipi …와 『구사론』 IV 102: … na ca punaḥ sarveṣāṃ buddhānāṃ cakrabhedaḥ karmādhīnatvāt도 참조.

18 *Die Fragen des Milindo*, Müchen-Neubiberg[1924], 216, 주121: 냐나포니카에 의한 개정본(Milindopañha,

으로 돌리는 상좌부 고유의 교리와 일치하지 않는다. 그는 여덟 가지 원인 이론을 여덟 번째로 언급된 업이 '업만'을 의미하고 나머지 원인들은 '이 원인들을 통한 간접적인 업'을 의미하는 방식으로 설명할 수 있다.[19] MN 101의 시각에서 이러한 업이론은 자이나적인 것으로 일컬어졌을 것이다.

악행과 나쁜 결과의 악순환

14장에서 『빛과 어둠에 관한 경전』을 개략적으로 언급했다. 우리는 누구도 사회적 환경과 육체적 조건에 의해 선행이나 악행을 하도록 정해져 있지 않다는 인상을 받았다. 14장 끝에서 MN 135의 내용을 알게 되었다. 인간으로 새로 태어나면서 지성이 거의 없는 것이 악행의 결과 중에 나타났다. 그런 결과는 다시 나쁜 결과를 가진 행위로 이끈다고 상상할 수 있다. 그러나 경전 그 자체는 이것을 거의 암시하지 않는다. 그것은 오히려 사문과 바라문의 설하는 것을 들어야 하며, 그 결과 미래에 큰 지성을 야기할 것이라고 가르친다.

....

Die Fragen des Königs Milinda, Interlaken 1985)에서도 이 의견은 그대로 수용된다(p.154, 주38).

19 W. 할파스(Halbfass), "Karma, apūrva and 'Natural' causes: Obsevations on the Growth and Limits of the Theory of Saṃsāra", *Karma and Rebirth in Classical Indian* Tradition ed. W. D. O'Flaherty, Berkely 1980, 295-296과 J. P. 맥더못(McDermott), "Karma and Rebirth in early Buddhism", 같은 책, pp.175-176. 참조. 또한 R. 곰브리치, *Precept and Practice*, Oxford, 1971, p.150도 참조.
『밀린다왕문경』 pp.301-309에 비슷한 논의가 나타난다. 모든 사람은 업에 의해 결정된 시간에 죽는가? 대답은 '아니오'다. A. 바로, "Der indische Buddhismus", Die Religione Indiens II, Stuttgart 1964, 96-97, 101-102 그리고 105에서 당면한 문제와 관련해서 다양한 불교학파가 어느 정도로 의견을 달리했는가 하는 인상을 받을 수 있다. 불행히도 간단한 진술만이 전해질 뿐이다.

그러나 『바보와 현자의 경전』(MN 129)에 의해 전파된 시각은 엄혹하다. 원래의 의도는 결과를 과장함으로써 가르침을 듣지 않으려는 사람을 훈계하려는 것이 거의 확실하다. 그러나 결과적으로 이 경전은 거의 변화를 허락하지 않을 것으로 보이는 이론적 구조를 가지게 되었다. 이 경전에서 사람들은 바보와 현자라는 두 부류로 나뉜다. 어리석은 사람은 나쁜 생각을 하고 나쁜 말을 하며 나쁜 행위를 하는 자다. 그는 이미 이 세상에서 다른 사람이 그를 탐탁지 않게 여기는 것과 양심의 가책에 의해 처벌받고 사후에는 하계로 간다. 현명한 사람은 좋은 생각을 하고 좋은 말을 하며 좋은 행위를 하는 자다. 그는 존경을 받고 깨끗한 양심을 가지며 사후에 천상에 간다.

이 경전은 추상적으로 정형화된 하계 대신 실제적인 지옥을 묘사한 최초의 자료 중 하나다. 경전은 그것을 실례로 가르치려 한다(14장에서 언급한 MN 130과 Sn III 10 「코칼리카숫타(Kokālikasutta)」도 참조). 이 경전은 또한 동물의 세계를 사후에 가는 곳으로 인식한 최초의 자료 중 하나다(그러나 아귀들의 세계는 아직 나타나지 않는다 MN 57 참조). 거기에서 고통받는 것은 여전히 끔찍하다. 한번 동물의 세계에 [그리고 지옥에(?)] 간 자가 다시 인간이 되는 것은 아주 어렵다. 거기에 빠진 어리석은 사람이 다시 인간이 될 가능성보다 큰 바다에 살면서 백 년에 한 번 물 위로 나오는 거북이가 바람에 밀려 물 위에서 떠도는 멍에에 머리를 넣을 가능성이 더 크다. 동물의 세계에서[와 마찬가지로 지옥에서]는 서로가 서로를 잡아먹고, 정의로운 생물이 존재하지 않기 때문이다. 그런데 만약 어리석은 사람이 오랜 시간이 지난 후 인간이 되는 데 성공한다면 그는 찬달라(Caṇḍāla)나 다른 어떤 낮은 카스트의 일원이 되고, 추하거나 불구이거나, 다시 지옥 [혹은 동물의 세계]로 되돌아갈 나쁜 삶으로 이끌릴 것이다. 그러나 현명한 사람이라면 오랜 시간이 지난 후 천상을 떠나 크샤트리아나 브라만 혹은 평민계급 가운데 태어나고 아름다우며 불구가 아닐 것이다. 그는 좋은 삶을 영위하고 천상으로 돌아간다.

위 요약 중에 삽입된 대괄호는 동물 중에 태어나는 것에 관한 문장이 후대에 부가된 것이고 원래는 아마 독립된 작품이라는 것을 보여주는 것과 관련해서 그다지 잘 편집된 경전이 아니라는 것을 가리킨다. 이렇게 부가된 것은 전체 경전 중에서 가장 냉혹한 설명 중 하나를 포함하고 있다. 곧 "거기에는(=동물의 영역에는) 정의로운 생물 … 덕망 있는 행위는 존재하지 않는다. 거기에는 … 서로가 서로를 잡아먹고 약자를 죽이는 자가 지배한다"(na h'ettha … atthi dhammacariyā … kusalakiriyā …, aññamaññakhādikā ettha … vattati dubbalamārikā, III p.169). 이것이 이 경전의 앞에서(III p.167) 언급한 두 가지, 곧 식물을 먹는 동물(tiṇabhakkha)과 배설물을 먹는 동물(gūthabhakkha)[20]이 있다는 것과 어떻게 조화를 이루는지 알기 어렵다. 그것은 또한 거의 같은 시기의 다른 불교 설화에서 나타나듯이 붓다의 전생으로서의 동물들이 다른 사람을 돕는 방법을 찾았다는 사실과도 양립하지 않는다(아래의 4 참조). 대부분의 불교도가 그러했듯이 이 모순들을 조화시키려고 시도한다면 다음과 같을 것이다. 그 영역에서 정의로운 행위는 예외적이다. 일반적으로 동물은 선행을 할 기회를 거의 갖지 않지만 악행은 자주 저지른다. 악업은 악행을 통해 증가하고 이전의 악행의 과보를 경험한 후 대부분의 생물이 가지고 있는 나머지 선업을 통해 다시 인간 세계에

....

20 두 무리의 동물 모두 이전에 맛있는 대상(rasāda)에 탐닉했다는 악행을 저지른 자에 대한 처벌의 장소로 간주된다.

태어날 수 있도록 하는 것을 방해한다. 다시 말하면, 동물의 영역뿐 아니라 아마 지옥도 단순한 과보를 받는 장소가 아니라 과보에 더해 행위를 하는 장소로 간주되는 것이다.

이 경전은 적어도 지혜로운 사람의 업에 의해 결정된 것에 관해서는 아무것도 설하지 않았다고 결론내릴 수 있다. 그러나 이 점에 관해서는 어떤 것도 일어나지 않았다. 어리석은 사람과 현명한 사람이 전체 이야기의 주제이기 때문이다. 비록 경전의 유일한 의도는 어리석은 사람이 현명한 사람이 되고 그 반대는 아니라는 것이겠지만, 경전은 그 상황의 변화를 언급하지 않는다. 또한 나쁜 집안이나 좋은 집안에 태어나는 것 혹은 추하거나 아름다운 외모를 갖는다는 주장이, 『빛과 어둠에 관한 경전』의 개념과는 심각하게 대립하고 또한 실제적으로 어떤 확실한 근거도 없어 보인다는 것에 주의하라. 어리석은 사람과 현명한 사람의 추상화는 여기에서 그들 자신의 삶을 이끌기 시작했다. 결론은 사람들이 수동적으로 자신이 처한 상태를 받아들였다는 것으로 보인다.

고타마는 서원과 선업에 의해 붓다가 되었다

고타마가 붓다가 될 수 있었던 이유에 관한 질문도 제기되었다. 그가 남의 도움 없이 정각과 해탈을 이루고, 나아가[21] 그토록 인상적인 방법으로 다른 사람으

21 팔리 정전의 어떤 곳에서는(예를 들어 MN 116) 독각(paccekabuddha)이라고 불리는 사람이 언급된다. 그들은 다른 사람의 도움 없이 정각에 도달했지만 다른 사람을 지도할 능력을 갖추지 못한 사

로 하여금 구원에 이르는 길(혹은 길들)을 발견하게 한 것은 무엇이었나? 이 점에 관해 불교 전통의 가장 오래된 전승은 거의 대부분 붓다의 높은 지위가 정각에 도달하려는 간절한 서원과 수많은 전생에서의 선업에 의한 것이라고만 설명한다. 이 관념은 또한 인간의 의도와 행위가 어느 정도 전생의 의도와 행위에 의해 미리 규정된다는 관념을 전제로 하지만, 이제는 정신적 발전이라는 긍정적 의미에서 그렇다. 이 낙관적 견해의 기반은 붓다가 되기를 간절히 바람으로써 선한 행위의 결과가 인격의 고양으로 전환될 수 있고 선업이 세간적인 즐거움을 즐기는 것에 의해 소모되지 않는다는 생각이다.

내가 '가장 오래된 전승의 거의 대부분'이라고 언급했을 때, 그것은 대중부에 귀속되는 몇몇 단편을 언급하는 것이다. 이 단편들 중에(바로, *Les sectes*, 57-61 참조) 붓다는 항상(명상적) 집중에 머무른다고 서술되어 있다. 그는 결코 자거나 꿈을 꾸지 않는다. 그는 말하지 않지만 중생들은 그가 말한다고 생각하고 그가 행하는 것을 즐거워한다. 붓다의 신체는 무한하다. 그의 수명은 영원하고 그의 힘은 끝이 없다. 이 학파는 붓다의 출현을 초자연적인 원리의 현현으로 설명한다. 그러나 그러한 견해는 대승 문헌에 의해서만 지지되었고, 그 최초의 문헌은 아마도 『법화경』「여래수량품」일 것이다. 이러한 이유 때문에 나는 다수의

....

람이다. 이러한 범주의 사람은 붓다의 가르침에 의지하지 못했지만 높은 평가를 받은 이전의 사문들을 정당화하려는 시도로 이해된다. 이 사람들의 집단은 일반적으로 불교에 수용된 것으로 보이지만 큰 의미를 갖진 않았다. 산스크리트어로는 프라티에카붓다(pratyekabuddha)라고 불리는 이 사람들은 붓다가 출현하지 않고 불법이 사라진 시기에 발견될 수 있다. The *Paccekabuddha, A Buddhist Ascetic*, Leiden, 1974(개정판은 Kandy, 1983)에서 M. A. G. Th. 클롭펜보그(Kloppenborg)는 상좌부 전통에서 볼 수 있는 이러한 관념의 가장 중요한 측면을 서술하였다. 또한 J. 브롱코스트, *The Two Traditions*, 120-121(M. G. 윌트셔(Wiltshire)의 박사학위 논문을 언급한다. University of Lancaster, 1980)도 보라.

오랜 전통과 수많은 전생에서 정각을 향한 일관된 노력으로 구성된 '자연스런' 원인에 의한 설명으로 돌아가고자 한다. 나는 팔리어 정전과 『본생담』 그리고 『붓다밤사(Buddhavaṁsa)』 가운데 밀접히 관련된 자료로써 논의의 범위를 제한하고자 한다.

『본생담』은 붓다의 전생을 언급하는 우화집이다. 그 우화에서 크고 작은 역할을 하는 동물이나 사람 혹은 신은 붓다의 전생과 동일시된다. 아마도 이들 이야기 중 어떤 것의 핵심은 이미 B.C. 3세기경에 이미 존재했을 것이다.[22] 현재 팔리어 정전은 운문으로 된 547 이야기를 담고 있다(우리가 운문을 이해하기 위해 종종 필요로 하는 산문본은 정전의 지위를 얻지 못했다).

이 우화들은 일종의 간접적인 훈계로부터, 또한 (때로는 재미있는) 세간적 지혜에 대한 가르침으로부터 전개되었을 가능성이 있다. 동물 및 고색창연한 과거(부분적으로는 다른 전통을 답습한)로부터의 예는 특정한 행위의 직접적인 결과를 보여준다. 우화는 특히 왕의 궁전에서 동료들에 대한 실망스런 경험과 종종 그러한 삶을 벗어나 사문이 되고자 하는 소망을 반영한다. 선행과 악행의 과보에 대한 믿음 또한 거의 대부분의 우화에 나타나 있다. 게다가 종종 대부분의 자료에서 최고신(33신 중 첫째)이자 욕계천의 주인인 사카(=인드라)가

……………

22 A. 바로, "The Place of the Buddha Gotama during the Reign of Asoka", *Festschrift Walpola Rahula*, 1-9 참조. 바로에 따르면 대부분의 『본생담』은 B.C. 3세기 중반 이전에는 (불교 우화로서는) 존재하지 않았다. 이 우화의 편집, 개정, 창조는 아쇼카왕 이후 두 세기에 걸쳐 이루어졌을 것이다. 고고학적 증거에 관해서는 H. 뤼더스(Lüders), *Bhārhut und die buddhistische Literatur*, Leipzig, 1941을 언급하고 있는 라못트, Histoire, p.444를 보라.

범상치 않은 행동과 의도에 의해 '그의 왕좌가 뜨거워졌을 때', 어쩔 수 없이 지상에 나타나 중재한다는 관념도 나타난다. 때때로 결과는 진실한 행동(sacca-kiriyā)에 의해 성취된다. 이 장의 첫 부분에 나타난 앙굴리말라의 우화를 살펴보면 진실한 행동은 적어도 한 마디 말이 사람이 성취하기를 원하는 것과 유비를 포함한다는 방식에서 하나의 예외적 사실을 서술하고 있는 것을 의미하고, 또한 소망을 이루기 위해 그 사실의 진실성에 의미심장하게 호소한다는 것을 의미한다.

아마도 다음 단계는 우화에 나타난 인물들을 붓다의 동료 및 붓다 자신과 동일시한 것이다. 이것은 율장과 경장에서 붓다가 특정한 사람을 칭찬하거나 특히 꾸중한 것과 관련하여 전승된 교리에 생기를 불어넣기 위해서다. 우화의 서술에 이어지는 동일시에 권위를 부여하는 근거는 붓다가 전생을 기억하는 것이다. 이것이 우화와 관련해서 문제가 되지 않는 것은 아니다. 이 문제와 관련한 정형구는 동물계에서의 존재를 언급하지 않기 때문이다. 이러한 동일시의 방침은 많은 생을 통해 성격의 특징과 사람들 사이의 관계가 거의 동일하게 지속되도록 하는 것이다. 사악한 음모자는 종종 붓다의 사촌이자 교단의 분열을 부추긴 데바닷타와 동일시된다.[23] 업의 과보는 한두 생에 끝나지 않는 연장된 과정이 된다.

……………

23 '한번 악하면 영원히 악하다'는 생각은 「로사카 자타카(Losaka Jātaka)」와 「마하수다소마 자타카(Mahāsutasoma Jātaka)」와 같은 우화에서는 제거되었다. 거기에서는 모든 것이 현재에서 좋게 끝난다. 두 번째 우화에서 사악한 사람은 앙굴리말라와 동일시된다(그런 우화들의 내용과 해석은 G. P. 말랄라세케라(Malalasekera)의 *Dictionary of Pāli Proper Names*, vol. I과 II에서 쉽게 찾아볼 수 있다). 『밀린다왕문경』(p.111)에 따르면 데바닷타에 대한 희망도 있다. 언젠가 그는 독각이 될 것이다(Saṅghabhedavastu Part II, ed. R. Gnoli p.262).

세 번째 단계는 아마 그런 우화를 통해 고타마가 어떻게 붓다가 되었는가를 증명하는 것이었다. 이것이 항상 설득력 있는 것은 아니다. 어떤 이야기 중에서 보살[24]과 동일시된 인물은 아예 아무것도 하지 않거나 혹은 거의 아무것도 하지 않거나(예를 들어 어떤 사건이 일어나고 무엇이 명백한가를 관찰하는 신이 도입되지만 그것은 단지 전생에서 고타마와 동일시할 수 있는 인물이 필요했기 때문이다), 지혜롭게 행동하더라도 도덕적으로 의심스럽거나 단순히 기술적인 숙련공일 뿐이다. 동일시에 더 적당한 다른 이야기도 있다. 예를 들어 거기서는 왕이나 영주 혹은 거상이 언제나 재산을 모두 포기하고 출가한다. 그러나 이런 목적을 위해서는 더 인상적인 우화들이 필요하다. 이야기의 주요 인물이 다른 사람을 위해서 의도적으로 자신의 생명을 희생한다는 것도 있다. 후자는 영웅이 서원을 지키기를 원하거나 어떤 덕성을 극단으로까지 함양하기를 원할 때 일어난다. 생명을 의도적으로 희생하는 경우(혹은 자식과 아내를 주는 유명한 베산타라 이야기에서)는 첫눈에 보이는 것만큼 심각하지는 않다. 이런 경우의 대부분은 삭카신이 영웅의 결심에 도전을 받고 그를 시험에 빠뜨리기를 원한다(다른 인도 우화에서처럼 질투 때문에 그의 주의를 돌리는 것이

....

24 보디삿트바(Bodhisattva)는 정각(bodhi)을 얻기 전의 붓다를 지시하는 산스크리트어 용어다. 그것은 중기 인도어 보디삿타(bodhi-satta)의 잘못된 번역어일 가능성이 있다. 보디삿타는 아마 원래는 정각에 집착하는, 곧 정각을 위해 분투하는 [존재]를 의미했을 것이다. 그리고 정확한 산스크리트어로는 보디삿트바(bodhi-sattva)가 아니라 보디삭타(bodhi-sakta)일 것이다. 보디삿트바는 정각을 가진 존재, 곧 정각을 이루기로 예정된 존재를 의미한다(Har Dayal, *The Bodhisattva Doctrine in Buddhist Sanskrit literature,* [London 1932] Delhi, 1978, p.7 참조). 삭타(sakta)는 아마 너무 부정적인 의미로 사용된다고 느꼈을 것이다. 게다가 설화에서는 과거의 삶에서 보디삿타가 점점 더 미래의 정각을 이루는 것이 당연한 것으로 간주되고 실제로 정각을 위해 분투하지 않는다. 그러나 현생에서의 헛된 노력에 관해 아마도 오래된 고타마의 자전적 언급에서(예를 들어 MN 4, I p.17) 나타나는 그 단어는 원래 의미인 '정각을 위해 분투하는'이라는 의미를 암시한다.

아니다). 그 후 삭카는 영웅에 의해 야기된 위험을 보상한다. 이 점에서 삭카는 정각을 바라는 보살의 가장 중요한 조력자다.

예를 들어 『본생담』 No.316[25]을 들 수 있을 것이다. 여기서는 토끼가 보살이고 그의 동료인 원숭이, 자칼, 수달의 도덕적 지도자다. 어느 단식일에 그는 그들에게 자신들의 음식을 모아 덕망 있는 이들에게 주자고 권한다. 그의 친구들은 모두 얼마간의 음식을 준비한다. 그 자신은 누구에게도 줄 수 없는 풀만 있다. 그는 자신의 몸을 주기로 결심한다. 삭카가 [즉시] 이 결심(saṅkappa)을 알게 되고 그의 결심을 시험하고자 한다. 그는 바라문의 모습으로 토끼에게 나타난다. 토끼는 말한다. "전혀 받아보지 못한 선물을 당신에게 바치겠습니다. 당신은 금욕적 행위의 공덕을 부여받아 다른 생명을 죽을 수 없습니다. 불을 피우십시오. 제가 불에 익으면 저를 잡수십시오." 불이 피워지자 토끼는 그 속에 뛰어들었다. 그러나 삭카의 힘에 의해 불은 마치 시원한 물과 같이 되었다.

얼마 후 전생의 행위에 의한 붓다의 위대함을 설명하는 테라바다 전통은 다른 불교 전통에서 발전된 관념을 채택하고자 했다. 그 다른 전통에서는 될수록 많은 사람이 붓다가 되어야 한다고 생각되었고 일련의 완성행(pāramī)이 장려되었다. 현재 남아 있는 (모든 상좌부에서 정전으로 간주하지는 않는 판본인) 『행집(Cariyāpiṭaka)』 교정본에서는 서른 두 개의 『본생담』의 내용(산문을 포함)과 다른 세 우화[26]가 전생에서 고타마가 여러 가지 완성행에 계속해서 헌

25 정전본은 네 게송으로만 이루어져 있어 충분한 정보를 주지 않는다. 다음 설명은 『행집(Cariyāpiṭaka)』 I 10에서 취한 것이다. 말랄라세케라(Malalasekera) op. cit., vol. II p.1078 참조.

26 K. R. 노만, *Pāli Literature*, Wiesbaden, 1983, 31-35와 94를 보라.

신한 것을 보여주고자 개설되어 있다. 『본생담』으로부터 보시(dāna)와 금욕적 행위(sīla)의 완성행 각각에 대해 열 가지 좋은 예가 주어져 있다. 인내(khanti)와 정진(viriya)의 완성행의 예도 에필로그에서 주의를 끄는 만큼 확실히 나타난다. 그러나 명상적 집중과 식별적 통찰의 완성행은, 비록 후자가 대승적 의미로 취해진 것은 아니라 할지라도, 나타나지 않는 것이 명백하다.[27] 그렇지만 MN 111(III p.29 … pāramippatto … samādhismiṃ … pāramippatto … paññāya)에서 보듯 용어는 알려졌고 옳지 않다고 여겨지지 않았다. 대신 『본생담』 자료(그리고 다른 자료)에서 몇몇 다른 완성행을 발견할 수 있다. 열다섯 우화로 구성된 『행집』 3부에서 보살은 출가(nekkhama), 결심(adhiṭṭhāna), 진리(sacca), 자애(mettā)와 평정(upekkhā)의 완성행에 헌신한다는 것을 보여준다.

모든 상좌부가 정전으로 채택한 것은 아니지만, 『붓다밤사』 2장에는[28] 수메다라는 바라문으로서 고타마가 수 겁 전에 연등불을 만난 이야기가 있다. 수메다는 연등불이 지나가야 할 진흙길에 머리카락과 옷을 덮어 연등불에게 공경할 기회를 가졌다. 그리고 수메다는 이 공덕으로 붓다가 되어 일체지를 얻고

....

27 모든 사물의 무상성에 대한 통찰이 때때로 나타나지만 출가하여 사문이 되는 동기로만 사용된다(예를 들어 「유반자야 자타카(Yuvañjaya Jātaka)」, no. 460). 『붓다밤사(Buddhavaṃsa)』 2장에서는(v.v. 116-164) 열 가지 완성행이 언급된다. 보시(dāna), 지계(sīla), 출가(nekkama), 반야(paññā), 정진(viriya), 인내(khanti), 진리(sacca), 결심(adhiṭṭhāna), 자애(mettā) 그리고 평정(upekkhā)(삼매(samādhi) 혹은 정려(dhyāna)는 없다)가 그것이다. 반야가 무엇을 의미하는지는 그다지 명확하지 않다. 같은 열 가지 완성행이 『청정도론』(9장의 끝)에서 나타나지만 여기에서 반야는 무엇이 중생에게 유익한가 아닌가를 식별하는 수단일 뿐이다. 그러므로, 예를 들어 『팔천송반야경(Aṣṭasāhasrikā- prajñāpāramitā-sūtra)』과 같이, 보살이 어떻게 즉시 열반에 도달하고 더 이상의 발전, 곧 붓다가 되기 위한 여지를 남기지 않는 것으로 알려진 수단을 채택하는가 하는 질문은 제기될 수 없었다(T. 페터, A Comparison…, Acta Indologica VI, 1984, 506).

28 말랄라세케라 op.cit., vol. II p.310과 K. R. 노만 op.cit., 31을 보라.

자 하는 바람을 표현했다. 이 공덕(adhikāra)과 연등불 앞에서 표현된 이 서원으로(그리고 아마 목적을 이룰 것이라는 연등불의 예언에 의해서도) 수메다의 내생은 점점 더 이 목표로 향하게 되었다. 이 바람이 이루어지기까지는 수 겁이 걸렸다. 『본생담』을 살펴보면 수메다가 약간 진로를 벗어난 적도 있었지만, 그는 최종 목적지가 점점 더 가까워지는 것을 보았다. 선행은 내세에서도 점점 더 선행을 하도록 도왔다. 그것은 수메다의 인격과 영웅적 행위를 위한 능력을 증진시켰다.[29] 『붓다밤사』의 다른 장에 따르면, 그는 그 사이에 나타난 모든 붓다를 친견하고 받들었고 그 결과 그의 열망을 강화하고 공덕의 무더기를 증진시킨다.

29 선행과 인격 증진의 연관에 대한 가장 좋은 설명은, 대승불전에서 사용되듯이, 산스크리트어 'pariṇāmayati(회향하다)'로 보인다. 그것은 자동적으로는 선행으로부터 유래하지 않는 목표 특히 정각, 심지어는 다른 사람의 정각에 선행을 돌리는 것이다(공덕의 회향). L. 슈미트하우젠, Der Nirvāṇa-Abschnitt in der Viniścayasaṃgrahaṇī der Yogācārabhūmi, Wien 1969, p.165를 보라.
업의 결과에 관한 몇몇 미세한 영향의 예(다만 약간의 외적인 보상의 가능성뿐으로 다른 목적에 관한 것은 아닌)가 AN 8.4.5에 나타난다. 어떤 사람이 자발적으로 사문과 바라문에게 보시한다. 그는 내세에 부유한 크샤트리아 혹은 부유한 바라문 혹은 부유한 평민 혹은 4천왕의 세계 혹은 33천신의 세계 혹은 염마천신(Yāma)의 세계 혹은 도솔천 혹은 화락천신(Nimmānarati)의 세계 혹은 타화자재천신(Paranimmitavasavatti)의 세계 혹은 브라흐만(Brahmakāyika) 신의 세계에 태어나기를 바란다. 그는 이 장소 중 하나를 반복해서 생각한다(bhāveti). 만약 그가 금욕적 행위의 규칙을 따르는 사람이라면(가장으로서 가능한 한: MN 120 참조), 그가 [도덕적으로] 순수하기 때문에 그 마음의 간절한 소망(paṇidhi)은 이루어질 것이다(ijjhati … sīlavato cetopaṇidhi visuddhatā). 후대에 간절한 소망은 업의 결과로 야기되는 가능성 중에서 선택만 하는 것보다 선업과 함께 더 많은 역할을 하는 것으로 상정된다. 그러나 때로는 간절한 소망과 업을 이 목표로 향하게 하는 것에 의해 극락과 같은 '천상'에 태어나는 것이 정각과 열반을 향하는 길에서 중요한 단계가 될 수 있다(Sukhāvatīvyūha, Mahāyānasūtrasaṁgraha ed. Vaidya, Darbhanga 1961, 241: ye … sattvās … bahv aparimitaṃ kuśalamūlam avaropayiṣyanti bodhaye cittaṃ pariṇāmya tatra ca lokadhātāv upapattaye praṇidhāsyanti, … / … / … tasmin buddhakṣetre cittaṃ saṃpreṣya upapattaye kuśalamūlāni ca pariṇāmayitavyāni). 간절한 소망(praṇidhi), [선업을] 바치거나 [선업의 잠재력과 함께 마음을] 향하는 것(pariṇāmayati)과 재생(upapatti)의 관계는 바이디야(Vaidya)가 편집한 같은 책에 실린 「마하카르마비방가(Mahākarmavibhaṅga)」, p.189(S. 레비(Lévi) 편집본으로는 p.50)에서도 발견된다.

『붓다밤사』에 나타난 일화는 다른 겁에 붓다가 존재함을 인정한다. 이 관념은 앞 장에서 고찰한 고대의 정전에서는 별다른 역할을 하지 않는다. 아쇼카왕 시대에는(B.C 3세기) 분명히 고타마 이전의 코나가마나(Konāgamana)와 카사파(Kassapa)가 숭배되었다.[30] 아쇼카왕 이후에 편집된 것으로 보이는 「마하파다나숫타(Mahāpadānasutta)」(DN 14, II p.5)에서는 고타마 이전의 여섯 명의 이름과 특징이 언급된다. 비파신(Vipassin), 시킨(Sikhin), 베사부(Vessabhu), 카쿠산다(Kakusandha), 코나가마나, 카사파가 그것이다. 이후『붓다밤사』는 24명의 선행자를 열거하는데 고타마 이전의 24번째가 연등불이다. DN 26(III p.76)에서는 미륵이 고타마의 후계자로 언급된다.[31]

이 맥락에서 「마하파다나숫타」는 전생을 기억하는 것과 다른 중생의 죽음과 재생을 관찰한다는 것을 초월하는 새로운 인식의 원천을 도입한다. 여래는 과거불의 자세한 삶을 안다. 그가 사물의 본질(dhammadhātu, DN II p.10)을 꿰뚫기 때문이다. 보살, 곧 정각을 이루기 전의 비파신과 다른 붓다는 도솔천에서 모태로 내려올 때 무량한 빛이 이 세상에 나타난다는 것, 그리고 모태로 들어갈 때 4천왕이 그를 보호한다는 것 등등은(MN 123 참조) 사물의 본성(dhammatā, DN II p.12)이다.

30 바로 op.cit.(주14) p.6 참조.

31 더 자세한 것은 R. 곰브리치, "The Significance of Former Buddhas in the Theravādin Tradition", *Festschrift for Walpola Rahula*, pp.64-72에 보인다.

부 록

「앗타카박가(Aṭṭhakavagga)」의 신비주의

짧게는 「앗타카(Aṭṭhaka)」라고도 부르는 「앗타카박가(팔게품)」는 『숫타니파타(Suttanipāta)』 중 한역 대장경(T.198)에서 찾아볼 수 있는 유일한 부분이다.

팔리어 우다나(V 6)에서 그것은 십육절로 암송된다고 한다. 같은 문장이 율장(Vinaya) I(p.198)에도 나타지만 여기서는 '십육'이라는 단어는 없다. 팔리어 『숫타니파타』의 제4장을 「앗타카(Aṭṭhaka)」라고 한 것은 틀림없이 그 열여섯 경전 중 넷(no. 2에서 no.5까지)이 '여덟' 투투바(tuṭṭubha) 게송으로 이루어졌다는 사실에서 유래할 것이다. 이것은 이 경전들을 편집하기 시작할 때의 아주 피상적인 기준을 가리키는 것일 것이다.

반면 지금 우리가 보는 열여섯 경전은(곰브리치가 지적했듯이 게송 수대로 배열되어 있다) 공통적으로 약간의 특징을 갖고 있다. 예를 들어 식별적 통찰의 방법(곧 구성요소를 무아로 판단하는 것)의 흔적이 거의 없다는 것, 그리고 내가 「앗타카」의 핵심이라고 부르는 어떤 것은, 부드럽게 표현하자면, 다른 곳에서는 불교의 본질로 주장되는 어떤 주제에 찬성하지 않는다는 것이다.

여기서 명백히 열여섯 경전이라는 엄격한 숫자를 만들기 위해 모든 곳에서 자료를 끌어온 것은 아니다. 앞으로 증명하겠지만, 「앗타카」는 틀림없이 불교의 첫 번째 가르침과 승가에 앞서거나 병행해서 존재한 집단의 자료를 포함할 것이다. 시간이 지나자 이 집단은 불교 승가에 통합되었다. 그 후 그들은 더 많은 자료를 산출했다. 이 자료에서 그들은 자신들의 오랜 가르침과 붓다의 가르침을 결합하고자 했다. 그들은 붓다의 가르침에서 적절해 보이는 것을 취하고, 항상 그렇지는 않았지만, 자주 자신들의 초기의 근본성을 잃어버렸다.

「앗타카」가 가진 원래의 통일성에 대한 운율상의 논란이 있지만 여기서 논의할 수는 없다. 내용의 검토 결과 그것이 확정되었을 때 이용하였다.

내용의 제일성과 다양성을 결정하기 위해 루이스 고메즈(Louis O. Gemez)의 "Proto-Mādhyamika in the Pāli canon"(*Philosophy East and West*, 1976, pp.137-165)의 주요한 논점에서 시작하고자 한다. 고메즈에 따르면 「앗타카」에는(그리고 「파라야나(Pārāyana, 피안도품)」에도) 신비적 상태와 거기에 도달하는 방법을 함축하는 문장이 있다. 그것은, 중관과 선에서와 같은 후대의 발전과 비교될 수 있는 것으로, 보다 일반적인 팔리어 정전의 가르침으로 환원할 수 없다. 나는 이 해석을 지지하지만 몇 가지 역사적인 세밀함을 보태고자 한다.

우리는 이 해석을 「앗타카」의 경전 내용을 결정하기 위해 이용할 수 있다. 그것들 모두가 이러한 목적을 보여주거나 그것에 이르는 길을 권고하는 것은 아니고, 이러한 문제를 포함한 것 중 어떤 것은 다른 양립 불가능한 교리와 섞인 형태의 논점을 갖고 있기 때문이다. 그러므로 나는 고메즈처럼 이 신비주의를 「앗타카」(혹은 「파라야나」) 자체에 귀속시키지는 않을 것이다.

이 신비주의는 중관 및 선에 공통적인, 극단적으로 부정적인(apophatic) 경향을 갖고 있다. 그것은 (고메즈의 말로, 140) "이론적인 영역에서는 견해가 없음(no-views)이라는 교리로, 실천의 영역에서는 어떤 법도 실천하지 않는 실천으로 특징지어질 수 있다. 그 극단적인 표현에서 이 경향은 정견이라는 교리 및 진실하거나 순수한 법을 점진적이고 체계적으로 수습하는 실천과는 정면으로 대립한다."

이 주장을 뒷받침하기 위해 고메즈는 통각(saññā), 지식, 견해, 학습, 사상, 금욕적 윤리와 서약을 극복하거나 부정하기를 권하는 문장을 인용한다. 나는 이 중에서 몇몇 문장을 비판적으로 논의할 것이다. 그러나 당분간 이 모든 문장이 무조건적으로 그 증거로 받아들여질 수 있다고 가정하더라도, 「앗타카」의 열여섯 경전 중에서 고메즈가 논증을 위해 이용하지 않는 여섯 경전이 남아 있고, 그것들이 이 경우에 요구되는 예를 갖고 있지 않았기 때문에 이용될 수 없었을 것이다. 이 경전들은 카마숫타(Kāmasutta), 구핫타카숫타(Guhaṭṭhakasutta), 둣탓타카숫타(Duṭṭhaṭṭhakasutta), 자라숫타(Jarāsutta), 티사메테야숫타(Tissametteyasutta) 그리고 사리풋타숫타(Sāriputtasutta)다. 이 점과 관련해서, 카마숫타, 구핫타카숫타, 자라숫타는 운율이라는 각도에서 볼 때 그다지 오래된 것이 아니라는 인상을 준다고 할 수 있다.

고메즈가 인용한 문장 중에서 문제가 있는 것도 있다. 나는 여기서 그 문제를 논의하지는 않을 것이고 인용된 문장이 포함된 경전에 대한 일반적인 언급만 할 것이다. 투바타카숫타(Tuvaṭakasutta)는 지금 논의하는 주제의 몇 가지 흔적(916-919)을 갖고 있지만, 이 가르침을 변용시켰고 이와 관련된 권위를 훼손시켰을 뿐이다. 앗타단다(Attadaṇḍasutta)에는 우리의 주제를 살짝 연상시키는 한 문장(954)만 있을 뿐이다. 푸라베다숫타(Purābhedasutta)도 역시 우리 주제에 관한 얼마간의 자취(856)를 갖고 있지만 문제를 복잡하게 만드는 몇 가지 언급도 포함되어 있다(아래를 보라).

「앗타카」의 나머지 일곱 경전은 고메즈의 주장에 대한 훌륭한 근거가 된다. 이들 경전에 있는 바라문과 사문들 사이의 대립에 관한 몇 가지 의견은 생략하고(사실 그것들은 바라문의 경전이고 그중 하나가 사문[붓다]을 받아들인다), 이제 그 경전들의 내용을 간략히 살펴보자.

파수라숫타는 주로 논쟁의 절제를 주창하고 연루되지 않음의 평화로움을 표현하는 것으로만 나타난다. 그러나 결론 두 게송은 이 사상을 더 높은 평화로 향하는 방법에 통합하는 것으로 해석될 수 있다(고메즈 146). 우리는 이 경전이 그러한 더 높은 평화를 주장하는 다른 경전 사이에 포함된 것이라는 사실을 고려할 수도 있다.

그러나 어떻게 우리가 그러한 더 높은 목적을 확신할 수 있는가? 거기에는 상당히 개연성 있는 두 가지 논증이 있다. 이 경전 중 어떤 부분은, 논쟁의 절제를 권고하면서(한 경전은 예외다), 통각(saññā)에 집착하는 것을 비판하고, 다른 부분은 특별한 중도(붓다의 첫 설법을 통해 알려진 것과 같은 중도는 아니다)로써 더 높은 평화에 도달하는 방법을 서술한다.

통각을 극복하는 것에 관한 충고와 연관된 몇 문장은 건너뛸 것이다. 그중 어떤 것은 일종의 신비주의에 대해 그다지 설득력 있는 증거가 아니기 때문이다.

이것을 보여주는 더 좋은 방식이 중도의 예, 곧 모든 도그마와 모든 이론과 지식(단순히 연루되지 않음의 평화를 지향하는 것으로 해석될 수 있는) 그리고 모든 통각(보다 더 강한 주장)이 거부될 뿐 아니라 거부 그 자체도 거부하는 문장을 찾는 것이다. 그러한 이중부정으로써, 목표로 하는 정신적 상태가 명백히 어떤 통각도 갖지 않는 돌이나 식물의 상태와 유사하다는 인상을 피할 수 있다. 이 점에 관해 약간의 비판을 상상할 수 있다. 그 경우 그러한 중도는 가르침의 과정에서 발전한 것이라는 비판이다.

가장 좋은 예가 칼라하비바다숫타(Kalahavivādasutta)의 874게송이다. 고메즈(144)는 이 어려운 게송을 다음과 같이 읽었다. "그가 통각에 대한 통각을 갖지 않을 때(na saññasaññi), 비통각에 대한 통각을 갖지 않을 때(na visaññasaññi), 통각하지 않는 것도 아닐 때(no pi asaññi), 대상이 없는 통각을 가지지 않을 때(na vibhūtasaññi), 이것을 획득한 그에게는 형태가 정지한다. 통각은 확산과 개념(papañca-saṅkhā, 더 좋은 번역은 '확산의 개념)의 원인이기 때문이다."

873에 나타난 질문과 관련하여 그러한 사람에게는 형태(rūpa)가 중지할 뿐 아니라 즐거움과 고통도 중지한다는 것을 추가할 수 있을 것이다. 872를 보면 '명칭과 형태(nāma-rūpa)'도 중지한다고 말할 수 있을 것이다. 12연기에서 지각(viññāṇa)(과 그 조건들)에 의해 조건지어진 형태(nāma-rūpa)와는 대조적으로 여기서 형태는 통각(saññā)에 의지하는 듯하고 바로 이 생에서 중지하는 것이고(얼마 동안 나타나지 않는 것이라고 해석할 수 있다), 사후에만(그리고 결정적으로) 중지하는 것은 아니다. 이 게송들과 전체 경전이 12연기의 시작 부분의 구조와 대립한다는 사실을, 단순히 익숙하지 않은 생각을 포함하고 있다는 이유로만 배제할 수는 없다. 그것은 학자들로 하여금 이 경전이 연기를 해석하려는 모든 시도의 기원이라고 간주하게끔 해왔다. 내 생각에 이 경전은 이러한 신비주의의 가르침의 발전에서 후기 단계를 반영하는 것이다. 나는 아래에서 거의 의심할 바 없는, 진전된 불교적 개념에 대한 비판의 예를 지적할 것이다.

그러한 중도의 다른 예는 마단디야숫타(Mādaṇḍiyasutta)에서 발견된다. 고메즈(p.146)는 다음과 같이 번역한다. "정화는 보여지거나 들려진 것에 의해(… diṭṭhiyā … sutiyā, 더 좋은 번역은 견해나 학습에 의해), 지식에 의해, 윤리의 서약에 의해(sīlabbatena, 더 좋은 번역은 윤리와 서약에 의해, 다음 줄 참조) 획득되는 것도 아니고, 보지 않는 것에 의해, 듣지 않는 것에 의해, 인식하지 않는 것에 의해, 윤리와 서약이 없이 획득되는 것도 아니다. 이 모든 것을 포기하면서, 그것을 집착하지 않으면서 그는 평화롭게 머문다. 의존하지 않으면서 그는 존재를 갈망하지 않을 것이다"(839).

이 게송의 도입부는 다음과 같은 사실을 함축한다. 곧 목적은 생각하지 않고 아무것도 배우지 않으며 금욕적 행위를 하지 않는 사람에 의해 도달되지 않지만 생각 등이 어떤 순간에는 명백히 버려져야 한다는 것이다. 아마도 다음과 같이 결론내릴 수 있을 것이다. 이 경전의 마지막 게송이 강하게 암시하듯이(847[고메즈 p.145]: "통각과 분리된 자에게는 매듭이 없다…") 만약 이 목적이 모든 통각을 극복함으로써 도달된다면, 이 목적은 모든 통각 아래 있는 것이 아니라 위에 있는 것이다.

이제 신비주의라는 주제를 떠나, 「파라야나」에서 아주 특징적인, 재생으로부터 해방이라는 각도에서 이 「앗타카」의 일곱 경전을 살펴보고자 한다. 아마도 이러한 목적을 권유하는 몇몇 문장을 찾는 것은 어려울 것이다. 그러나 더 나은 재생을 위한 수단으로서 정화를 위해 노력하는 것에 대한 비판은 많다. '진정한 정화'는 어떤 것에 대해서도, 명확하게는 이 세상이나 저 세상을 위해 노력하지 않는 것이다.

또한 비존재에 대한 노력도 비판되었다고 예상할 수 있다. 칼라하비바다숫타의 끝에 있는 하나의 예외를 제외하고는, 이것은 일곱 경전에서 찾아볼 수 없다. 그러나 푸라베다숫타에서 우리는 존재와 비존재 양자를 위한 노력에 대한 명확한 부정을 볼 수 있다. 푸라베다숫타에는 몇 가지 '불교적' 영향이 보이지만(848에서 고타마가 언급되고 855에서 제4정려가 암시된다), 지금 논의하는 경전들과의 공통점이 훨씬 많다.

이러한 논의 결과를 다음과 같이 설명할 수 있을 것이다. 가장 고대에는 이 운동은 다만 사후에 더 나은 생존을 위해 노력한 사람들의 집단이 직면했고, 재생으로부터 해방을 위해 노력하는 사람들의 집단이 직면한 것은 아니다. 어떤 순간에 이 후자의 목표는, 더 나은 생존을 위한 어떤 노력도 포기하는 것과 너무 멀리 떨어지지 않은 채, 이 신비자들에게 알려졌고 인식되었지만 그럼에도 불구하고 그들은 그것을 위한 노력을 거부했다. 아마 이런 설명으로 4성제에 관한 팔리어 전통에서 발견되는 삼분된 갈애 중 세 번째를 이해할 수 있을 것이다. '비존재(vibhava)'에 대한 갈애는 푸라베다숫타를 편집한, 이제는 불교화한 집단으로부터 4성제에 첨가되었을 것이다.

만약 「앗타카」에서 단 두 번 나타나는(그러나 핵심적인 부분에서는 나타나지 않는) 불교적 개념을 사용한다면 다음과 같이 말할 수 있을 것이다. 이 집단에서 열반은 심지어는 재생으로부터 벗어나고자 하는 욕망도 포함하여 모든 욕망의 완전한 소멸이다. 그런데 열반의 두 번째 의미인 재생의 소멸은 이론 혹은 재생에 관한 견해를 전제로 하지만 모든 이론은, 우리가 보았듯이, 거부되어야 한다.

열반의 두 번째 의미를 공개적으로 거부하는 예는 칼라하비바다숫타의 끝에 남아 있다. 거기서는 무여(anupādisesa) 열반을 주장하는 전문가가 비판된다.

나는 그것을 전통적으로 심리적 그리고 물질적 '소유물'이 남아 있지 않은 열반으로 해석하는 방식 외에 다른 이해 방식을 알지 못한다.

이런 해석이 맞다면 광범위하게 받아들여진 불교의 목적에 관한 그러한 결정적인 언급이 우리가 붓다의 전기로부터 모은 첫 번째 사건과 가르침의 얼마 후에 만들어진 것일 뿐이라고 인정해야 한다. 그러나 중도의 형식을 갖고 있는 칼라하비바다숫타가 「앗타카」의 '비불교적인' 일곱 경전 중에서 가장 진보된 것 중 하나이기 때문에 이 운동의 기원이 붓다의 설법(에 관한 지식) 이전에 놓인다고 하는 가정에 장애물은 없다.

비록 정려가 정견이나 금욕적 윤리와 같은 것을 용인하거나 심지어 전제로 한다고 하더라도, 모든 통각의 극복이라는 목표가 본래적인 정려 명상과 충돌하는 것으로 보이지는 않는다. 그러므로 이 신비주의자 집단이 고타마 승가에 통합될 수 있었고, 「앗타카」의 다른 경전에서처럼 특정한 불교적 방법(예를 들어 주의집중)과 목적을 개작하려고 노력했다는 것을 이해할 수 있다. 반면 고타마 승가는 이 운동의 주요한 주제를 포함하거나(주로 파울 하커(Paul Hacker)의 개념인 '통합주의'의 의미에서) 그것을 이용하려고 시도했다(예를 들어, 반야 계통의 발전에서 해탈한 사람의 (비)소멸의 문제가 너무 많은 문제를 일으킬 때, 모든 이론을 거부하는 것, Sn 1076, MN 72[11장을 보라] 참조).

이 주제를 통합하고자 하는 첫 시도를 「파라야나」에서 발견할 수 있다. 우파시바(Upasīva) 절과 난다(Nanda) 절에서 '통합'은 거의 받아들여지게 되지만, 우파시바 절에서 통각을 극복하는 것은 주의집중에 의해 지지되고 난다 절에서 모든 견해와 지식을 극복하는 방법이 명백히 생과 노사로부터 해탈이라는 목표를 위해 채택되며 갈애를 '인식하는 것'과 결합된다. 그러나 포살라(Posāla)

절에서는 내용 없는 '통합주의'의 예를 만난다. 우파시바 절에서 '통각으로부터 해방'이라고 불리는 것이 여기서는 다만 아무것도 없는 상태일 뿐이어서 그것은 속박일 수 있고(1115), 지식에 의해 극복해야 한다.

이것은 형태가 없는 영역의 네 가지 상태(12장 참조)의 하나인 아무것도 없다고 하는 상태와, 불교에서 공통적인, 이 상태의 통각, 그리고 재생으로부터의 해탈로 이끌지 않는 이 상태의 나머지를 상기시킨다. 874 게송에 서술된 통각이 있는 것도 아니고 통각이 없는 것도 아닌 상태와 유사한 상태를 형태가 없는 영역의 명상 상태로 한정해서는 안 된다고 고메즈가 말한 것(주 45)은 옳을 것이다. 그러나 초기에도 불교도는 이것이 가능하다고 생각했으며, 그 출발점은 아마 「파라야나」의 포살라 절일 것이다(혹은 그 부분에 의해 기록되었을 것이다). 그리고 그들의 관점에서는 그들이 옳았다. 이러한 마음 상태는 원래는 재생을 극복하고자 한 것이 아니었다. 그러나 한편으로 당분간은 통각과 느낌의 소멸이라고 불린 이 마음 상태가 결코 그들의 목적을 의도한 것이 아니라고 가정한 점에서 그들은 틀렸다. 이 신비주의자들은 자신들이 재생이라는 문제를 넘어서 있거나 재생하지 않는다고 간주했기 때문이다. 그들이 고타마 승단에 통합되었을 때, 그들은 안심하고 그들 또한 재생으로부터 벗어났다고 주장할 수 있었다. 그러나 반대측을 확신시키기 위해서는 다음과 같은 사실을 보여주는 것이 필수적이다. 곧 반대측의 견해에 따르면, 그러한 마음 상태에 의해 재생을 야기하는 원인인 허물들이 파괴된다는 것이다. 그러나 반대측이 수단으로 예상한 것은 포함되지 않았다. 이 문제가 "통각과 느낌의 소멸에 머물면서, 통찰(pañña)에 의해 본 후 그의 루(漏)가 완전히 파괴되었다"고 하는 이상한 정형구로 이끌었을 것이다. 슈미트하우젠(1981, 주55)이 결론내렸듯이 이 문장은 디가니카야와 삼윳타니카야에는 빠져 있다. 이것이 이들 니카야에 전문적인 비구들은 신비주의를 잘 이해한 것이 아니라 교리를 잘 이해했다는 것을 증명할 것이다.

찾아보기

ㅅ

ㅇ

ㅈ

ㅊ

ㅋ

ㅌ

ㅍ

ㅎ

기타

초기불교의 이념과 명상

초판발행 2009년 11월 24일
2판 1쇄 2020년 5월 4일

저 자 틸만 페터
역 자 김성철
펴 낸 이 김성배
펴 낸 곳 도서출판 씨아이알

책임편집 박영지
디 자 인 송성용, 윤미경
제작책임 김문갑

등록번호 제2-3285호
등 록 일 2001년 3월 19일
주 소 (04626) 서울특별시 중구 필동로8길 43(예장동 1-151)
전화번호 02-2275-8603(대표)
팩스번호 02-2265-9394
홈페이지 www.circom.co.kr

I S B N 979-11-5610-834-4 93220
정 가 18,000원